李 浩

陕西靖边人，长江学者特聘教授，现执教于西北大学中国文化研究中心暨汉唐文学研究院。著有学术著作《唐代关中士族与文学》《唐代三大地域文学士族研究》《唐代园林别业考录》《唐诗美学精读》等。

李浩作品系列

马 驹

道 一 传 灯 录

李 浩 著

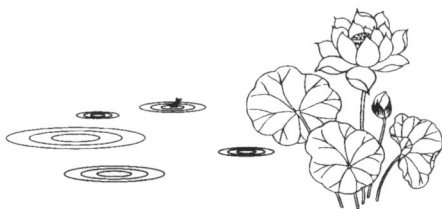

生活·讀書·新知 三联书店

图书在版编目(CIP)数据

马驹:道一传灯录/李浩著. —北京:生活·读书·新知三联
书店,2017.9
(李浩作品系列)
ISBN 978 - 7 - 108 - 06009 - 9

Ⅰ.①马… Ⅱ.①李… Ⅲ.①马祖道一(709—788)—传记
Ⅳ.①B949.92

中国版本图书馆 CIP 数据核字(2017)第 144474 号

责任编辑　王秦伟　徐旻玥
封面设计　刘　俊
责任印制　黄雪明
出版发行　生活·讀書·新知　三联书店
　　　　　(北京市东城区美术馆东街 22 号)
邮　　编　100010
印　　刷　江苏苏中印刷有限公司
版　　次　2017 年 9 月北京第 2 版
　　　　　2017 年 9 月北京第 2 次印刷
开　　本　880 毫米×1230 毫米　1/32　印张　7.75
字　　数　110 千字
定　　价　43.00 元

马祖道一大师(公元 709—788 年)法相

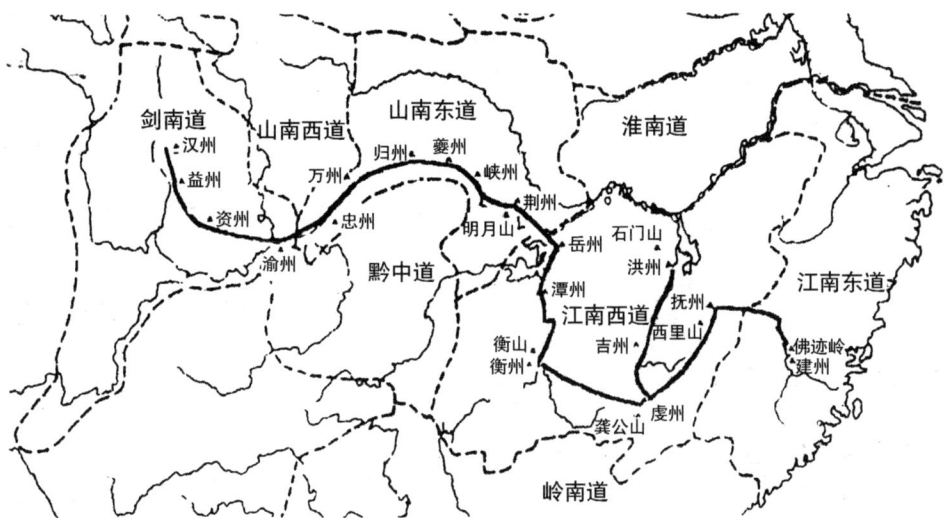

剑南道　山南西道　山南东道　淮南道

汉州
益州
资州　　　忠州
渝州　　黔中道
万州　归州　夔州
峡州
荆州
明月山　　岳州　石门山
潭州　　　洪州
江南西道　抚州
衡山　吉州　西里山
衡州
龚公山　虔州
佛迹岭
建州
江南东道

岭南道

马祖道一传法行踪图
（据贾晋华《古典禅研究》改绘）

目　录

引 子

　　禅波点点,从涓涓一脉细流,到飞流三千尺,波澜动远空,摆脱束缚,壮浪恣肆,浑浑浩浩,横无际涯,水旱不变,春秋不知,好一派壮丽景色!历经千年而下,涛声依然如旧。

　　灵山法会上的那一枝金色婆罗花,芬芳馥郁,常开不谢,居然在千年后的中华大地绽出五柄硕大无朋的绿叶,郁郁葱葱,蔚成一片浓荫。大龙香象,神骥骏驹,腾跃乎其间,说明华夏热土对生命种子孕育和培植的能力之强。从这个意义上说,唐代文化对禅宗的发展和兴盛起了至关重要的作用。

　　马祖道一便是在这块土壤上崛起的一位传奇式的禅学大师。

　　道一,俗姓马,汉州什邡(今属四川)人,弟子们称他为"马大师",后世则多尊称其为"马祖"。生于唐中宗景龙三年(公元709年),唐德宗贞元四年(公元788年)二月一日入灭。唐宪宗元和年间谥为"大寂禅师"。根据其思想发展及活动地域,可大体上将道一的生平划分为四个时期:

　　第一阶段在巴蜀。道一生于成都府汉州什邡县,传说足生瑞纹,体貌高古,年虽稚孺,游步恬旷。幼年时即在本邑罗汉寺

① 日人宇井伯寿《禅宗史研究》(东京：岩波书店 1939 年版，第 380 页)指出马祖不是无相的弟子，本书从旧说。

出家，后赴资州(今四川资中县)依唐和尚处寂剃度，在渝州(今重庆市)圆律师处受具足戒。他还曾游学于处寂的弟子新罗国王子无相。①蜀中当时主要是智诜禅系的活动范围。智诜为五祖弘忍的十大弟子之一，曾被武则天诏请，赴京内道场供养，但主要在资州弘阐东山禅法，其弟子处寂俗姓唐，故人习称唐和尚。唐和尚有弟子新罗王子无相，无相的法嗣是无住。这几代法脉绵绵，传承不断，最后形成了禅学史上所称的净众(一说净泉)保唐禅系，宣扬息心念佛，以无忆、无念、无妄统一戒定慧三学，许弟子有胜师之义，这些新观念、新思想对青年道一影响很大，为他禅学体系的形成奠定了基础。

第二阶段在南岳衡山。开元二十一年(公元733 年)，道一听说怀让禅师在南岳传六祖惠能的顿悟法门，于是沿江出峡，风尘仆仆来到南岳衡山观音台，住在传法院，结庵坐禅，栖心佛理，怀让以"磨砖既不能成镜，坐禅又岂能成佛"的机语点拨，道一于言下顿悟玄旨，怀让为其密授心印。南岳衡山迄今仍保留有磨镜台(参见第 46 页插图)和马祖坐禅的遗址。怀让是六祖惠能的法乳，他曾以"说似一物即不中""修证则不无，污

马驹——道一传灯录

染即不得"等语,得到惠能的印证。与道一同参者还有常浩、智达、坦然、神照、严峻等,皆被印可,成为怀让的入室弟子,但只有道一被怀让评为是"得吾心者"。道一侍奉怀让约十年,心地超然,禅法日益深奥,接续上了曹溪法脉,为后来的光大南禅门庭,做好了思想准备。

第三阶段在建阳佛迹岭。大约天宝元年(公元742年),道一辞别怀让禅师,来到闽地建阳(今属福建)佛迹岭,筚路蓝缕,自创法堂,开堂说法。这一阶段虽然很短,前后不到三年,但在道一的思想发展过程中却非常重要。他从此开始了弘扬南宗禅的生涯,由学法变为弘法,自觉变为觉人,非凡的才具和智慧于此初露端倪。

第四阶段是在江西。唐玄宗天宝三年(公元744年)前后,道一来到抚州(今江西抚州市)西里山弘法,后又去虔州(今江西赣州市)龚公山,最后率徒众来到洪州,驻锡钟陵(今江西南昌市)开元寺。圆寂后,舍利建塔归葬于建昌(今江西靖安县)石门山。

江西是道一弘法的主要地区,也是他思想的定型成熟期。他在江西高振法鼓,僧俗向慕,天下归心,就连节镇大帅、郡县长官也对他屈尊枉驾,恭勤咨询。他在龚公山时,虔州刺史裴谞不辞辛苦,亲承教诲。大历六年(公元771年),路嗣恭出任江南西道都团练观察使兼洪州刺史,延请道一到洪州治所,鲍防、李兼等出镇江西,刺洪州,也对道一恭勤礼拜。此外,权德舆、包佶等名公巨卿都与道一有交游。

道一在江西时期还与禅宗其他派系的上层人物有联系。例如他与青原行思的弟子石头希迁交往颇多，他们的弟子也相互往来于湖南、江西两地，以致一些弟子的传承关系，在禅宗史上不知该如何归属，众说纷纭，莫衷一是。他还与南阳慧忠国师、径山道钦禅师都有过交往。

道一门庭繁茂，弟子如云，英才辈出，如星月丽天，珠玑同贯。《祖堂集》说他门下亲承弟子八十八人，出现于世及隐遁者莫知其数。《景德传灯录》说他有入室弟子一百三十九人，各为一方宗主，转化无穷。据原书统计，其中有传记者七十五人（《五灯会元》载录七十六人），无机缘语句但录其名者六十三人，总共一百三十八人。可见《景德传灯录》中所说的一百三十九人并非虚构。亦有考证马祖弟子有一百四十五人，甚至还有一百五十三人之说。①

按照学者们的研究，洪州禅系的传承可分为四类：一、京禅类，如惟宽、怀晖、大义等；二、理禅类，如慧海等；三、农禅类，如怀海、普愿等；四、类别不明者，如无业、齐安、智藏等；另师承上有争议或有异说的人物，如天然、惟俨、道悟等。

① 日人柳田圣山《语录的历史》(见《东方学报》第 57 辑) 扩充至 153 人，贾晋华考证为 145 人，详见贾晋华《古典禅研究》，香港：牛津大学出版社 2010 年版，第 51—88 页。

其中,惟宽于元和四年(公元 809 年)被唐宪宗召见于长安安国寺,元和五年参与麟德殿斋会,元和十二年卒于兴善寺传法堂,谥"大彻禅师"。怀晖亦曾抵清凉山,下幽州,入太行,将洪州禅思想扩及北方,元和三年有诏征至京师,圣上顾问,宣住章敬寺,大化京都,还与长安的义学名公进行过激烈的论辩,使道一的禅学思想占据了文化中心长安的讲坛。怀晖还曾撰有《法师资传》一编,论次祖师世系及南能北秀分宗的历史,并以"心本清净而无境,非遣境以会心,非去垢以取净"的心要,知道入理者多游其门,称其为一代导师。他的弟子弘辩也曾与唐宣宗有过问答,称赞宣宗皇帝"日应万机,即是陛下佛心"。鹅湖大义与如满等都与顺宗皇帝李诵关系密切。

另外,西堂智藏得道一付授纳袈裟,道一圆寂后在龚公山西堂传法。他与百丈怀海、南泉普愿一同被称为"洪州门下三大士"。百丈怀海倡导"一日不作,一日不食"的农禅思想,还制定了最早的禅院法规《禅门规式》(又称《百丈清规》)。慧海撰有《顿悟入道要门论》一卷,将洪州禅理进行了系统发挥。俗家弟子庞蕴居士著有《庞居士语录》三卷,有诗偈二百多首。

从地域分布来看,道一的一百多位弟子后来散布四方,各为一方宗主,使洪州禅以江西为中心辐射到湖南、湖北、浙江、福建、广东、江苏、安徽等南中国,并渗透到陕西、山西、河南、河北、山东等北部中国。故当时有称马祖道一与石头希迁为南禅江西、湖南二大士、两甘露门,谶记所说的"马驹踏杀天下人",

庶几无差矣。

道一的禅学思想早期受五祖弘忍门下的净众保唐禅系影响，到南岳师从怀让后才系统地接受曹溪顿悟思想。他在江西时期交往的南阳慧忠国师也是六祖惠能的法嗣，而径山道钦是属于牛头法融禅系，法融为四祖道信的别传弟子。他还与青原行思门下的石头希迁颇多切磋，行思也是六祖惠能的法嗣。可以看出，道一的思想是以曹溪顿悟禅为核心，而又广泛吸收借鉴东山禅、牛头宗等各家各派的思想营养，来丰富自己。道一的经典背景主要是《楞伽经》《金刚经》《维摩诘经》和《坛经》等，其明显的特点，是重新突出《楞伽经》的地位，并将其运用于修行实践。

道一的禅学思想以"即心是佛——非心非佛——平常心是道"这一颇具特色的佛性思想为体系，并提出"触境皆如""随处任真"等理论命题。在修行实践方面，他又主张"道不用修""任心为修"，通过接机的方式与佛门同道及弟子展开思想交流，用隐语、动作、手势、符号、吹啸、道具、拳脚等开悟接引学人，取代了以往看经、坐禅的传统，大机大用，大开大合，机锋峻烈，杀活自在，形成了一种自由活泼的禅风，留下许多脍炙人口、令人荡气回肠的公案。

唐代张正甫在《衡州般若寺观音大师碑铭并序》中说"一公（指道一）丕承，峻其廊庑，宽、晖继起，重规叠矩"、"一公见性同德，弘教钟陵……施及宽、晖，继传心灯，共镇国土"。《宋高僧传》卷九《南岳观音台怀让传》也情不自禁地发挥这一观点：元和年间，兴善惟宽、章敬怀晖先后来到京师长安，弘扬本宗洪州禅，法门大启，传续千百盏灯，光明灿烂，京夏法宝鸿绪，此时最为兴盛。

马祖一百多名弟子中，居于南方七省的有七十九名，其中有二十六位创建并主持自己的寺院；居于北方五省的有三十七名，其中有三位创建并主持自己的寺院。特别是在贞元、元和期间，马祖弟子鹅湖大义、佛光如满、章敬怀晖、兴善惟宽等先后奉诏入京，在长安宣扬洪州禅宗旨，并与禅门内外的僧人论辩，获得皇帝与权贵的认可和扶持。遂使江西洪州禅系从一个南方偏远的教团崛起为一个全国性的宗派，在禅宗史上占据了重要地位。①

真正将惠能所开创的南宗禅弘阐得波澜壮阔、风靡南北的，正是马祖道一，可以说他是中唐禅思想史上砥柱中流的人物，由于他的出现，使禅思想史发生了重大的变局。而他自己则如一匹马驹在斜阳古道上，昂首喷鼻，嘶风弄影，显示出无尽的禅机。

① 此段数字统计及文字内容引自贾晋华《古典禅研究》，香港：牛津大学出版社 2010 年版，第 21 页。

剑南形胜毓神秀

曹溪谶记

这天下午,惠能依旧合十坐禅,西斜的阳光从窗棂中穿入,给大师清癯的脸庞上涂上了一层圣洁的色彩,使他投在墙上的身影显得更加伟岸。

恍惚之间,一片紫雾缭绕,他似乎听到耳边响起一阵急促而又清脆的马蹄声,但见一匹雪白的骏马风驰电掣一般闪过。这马的骨相好生俊美呀,看上一眼就会让人难以忘怀:竹批双耳,瘦骨敲铜,四蹄腾空,凌厉奔驰。虽然站定,但仍仰天长啸,咻咻喷气,跃跃欲跑,不肯立刻静下来。惠能第一次见此情景,不知如何是好,但很快他就清醒了。他不断告诫自己,这是幻相,是假有。他修持多年,心地澄明,湛然虚寂,从未出现过类似的幻觉。他怀疑这是外道邪术的诱惑,但他坦然待之,因为他有足够的定力,能经得起任何诱惑。

从空中又传来一个声音,似乎非常遥远陌生,又似乎非常清晰熟悉,宣说这声音的人似已猜到惠能的疑虑,在空旷之中对惠能说:

"惠能,这不是幻相,而是你的法乳。在你入灭之后,你门下怀让将有弟子出世,阐化江西,踏杀天下,大兴禅宗,这是佛门祥瑞,不必多疑。"

声音在空旷之中回荡,由近而远,由大而小,渐至隐没。霎时间,彩色旋转,形声杳然,禅室又恢复了原来的静谧。夕阳的余晖仍然斜斜照进室内,透过一束束的光柱,看到许许多多的微尘在浮游飘飞,无序无向,无定无止,像人生一样幻灭无常。

怀让在一旁静静地侍立,约莫过了两个时辰,惠能才悠然出定,他用浓重的南方口音对怀让说:

"怀让啊,你随我修行已有好多个年头了,对吗?"

"是的,师父。弟子是久视元年(公元 700 年)离开嵩山来到曹溪的。当时师父问弟子:'什么东西如此而来?'弟子现在已经领会:如果说它像任何东西的话,就与它的本来面目相距十万八千里了!"

"是啊,是啊,老衲知道你根器不凡,禅法成熟了。既然现在已经心地澄明,圆通无碍,不知还是否继续修证?"

怀让听毕惠能的话,充满感激,心里欢喜:

"感谢师父点拨垂示,修证还会继续,但此心清净,不会再被污染了。"

惠能听了,微微点头表示称赞,并感叹地说:"是呀! 这颗不被污染的心,正是诸佛所护持的心。你是这样,我也如此。怀让，当年西天二十七祖般若多罗曾作了这样一个偈语：'震旦虽阔无别路，要假儿孙脚下行。金鸡解衔一粒粟，供养什邡罗汉僧。'"①

"这首偈语弟子听师父讲诵过。但您原来一直说'十方'，可今天为何要说是'什邡'呢？"

惠能呷了一口茶，轻咳一声，没有接怀让的话头，又念出一偈：

心里能藏事，说向汉江滨。

湖波探水月，将照二三人。

惠能用绵软柔和的南方口音诵出，但中气充沛，洪亮清晰，直贯入怀让的耳内。怀让还在思索意会法旨，又听到一串温和的语调，像春风吹拂百卉一样：

"我还有一偈告诉你：'心地含诸种，普雨悉皆萌。顿悟华情已，菩提果自成。'怀让，达摩祖师说一花开五叶，你在我灭寂后应另立门户，弘法护教。你的门下将要出一匹马驹，会踏杀天下人。这件事你心中要知道，但不要过早说出。"

怀让慧心已开,要是在平时,经过师父的这一番点拨,早已悟性迸发,内外贯通了。但今天他感到心中如阳光射进云雾之中,形成一条金色的胡同,绚丽耀眼,无法分辨。于是合十稽首问道:

"这'马驹踏杀天下人'是什么意思,还请师父开示。"

惠能轻吹着茶杯中泛起的香茗绿芽,说道:"玄机深妙,不可泄露。"

怀让还欲追问,惠能莞尔一笑,用眼神向怀让示意:

"你看山门外是什么?"

怀让随着惠能的眼神望去,但见寒鸦数点,流水曲折潺湲,花开花落,乱红纷纷飘零,唯有远处双峰青青,在斜阳里玄默无语。

怀让当下了悟,于是辞别师父,披一身晚霞走下山去。

马驹出世

汉州位于剑南道成都府东北,州治西北所辖为什邡县(今属四川)。这什邡县东邻德阳,西接彭县,南至濛阳,北到绵竹。

什邡县的名称有个来历。传说汉高祖刘邦曾赐封雍齿为什邡肃侯,故后来县名什邡,又俗称雍齿城,属广汉郡;北周闵帝改为方亭县,北周武帝时省;唐高祖武德二年(公元

619 年)又置什邡县,武后垂拱二年(公元 686 年)将其并入汉州。

县西北有洛通山,又名章山、章洛山、杨村山,是洛水所出,传说秦昭王时任蜀郡太守的李冰曾为疏导洛水,开凿此山,山上有风洞、火洞等遗迹。苻坚有子为避难而死于此,故山上还立有祠。

县西还有大蓬山,高崖矗立,瀑布飞泻,险峻异常,气势不凡。如遇晴好天气,朝云初起,太阳射圆光于山顶,光晕数重,分别按青黄红绿的顺序排列。象王峰上有黑影俨然佛像,持续一顿饭的工夫,才慢慢散去,堪称奇观。山的绝顶处,高不胜寒,六月积雪不化,形成了一山有四季,一日有寒暑春秋的奇妙现象。

此外,横贯县境的,还有龙居山、宝莲山、雍齿山、凤栖山等,多为岷山支脉,群峰森列,远望如同削玉;又有竹枝松干笼罩,郁郁苍苍。

登高俯瞰,只见绵、洛诸水弯曲如玉带,稻田青黄棋布,如锦缎铺展;远望成都,烟霭隐隐,如梦似幻。

人常说,一方水土养一方人。山川雄丽,造化神秀,所以什邡的动物、植物与人都与他处迥然不同。

果然,在唐中宗李显时,这里就出了一个奇伟的人才。

什邡县中有一户姓马的人家,祖上世代本居住在邻县德

①《全唐文》卷五〇一权德舆《唐故洪州开元寺石门道一禅师塔铭并序》："大师法讳道一,代居德阳,生有异表,幼无儿戏。"

阳,①后迁来什邡。丈夫饱读四书五经,亦能吟诗作赋,素有济苍生、安社稷的抱负,可惜科场屡屡失利,所以常感抑郁,经常借酒浇愁,发一番时运不济的牢骚。妻子极贤惠,也不以丈夫的功名为念,家中倒也和睦平静。只是结婚好多年了,膝下仍无子,虽然丈夫不在意,但妻子总感到是一块心病。故妻子去本县罗汉寺给佛菩萨上香,乞求菩萨保佑,让她早生贵子。说来也巧,在上香后不久,妻子就有了身孕,夫妇俩自然很高兴。

孕满十月,孩子顺利地生了下来,果然是个男孩子。此情此景,使马家夫妇欢天喜地。

这一年是唐中宗景龙三年(公元709年)。

妻子看到丈夫一改平日愁眉苦脸的旧态,笑逐颜开,童性大发,乐呵呵地逗弄婴儿,她自己苍白的脸庞上也泛出一缕喜悦的红云。她撑起虚弱的身子对丈夫说:

"夫君,瞧你也活像个孩子!婴儿刚出生,不要多逗。你还是给婴儿取个名字吧。"

丈夫捋了捋下巴上的胡须,沉思片刻,然后说:

"《礼记·檀弓》篇中说:幼小时称名,冠礼后称字,五十岁后以排行伯仲相称。疏曰:人刚生三个月只取小名,所以叫幼名;年二十岁有为人父之道,朋友等不能再直呼其名,所以在冠礼上要择取一个新的称谓,就是字;到了五十岁,年高德劭,所以又舍去二十岁时的字直接以伯仲相区别。所以等到三个月时再命名吧。"

"瞧你,给小孩取个名,还要'之乎者也'半天,拖三个月?"

"娘子有所不知,这是古礼。《礼记·内则》中说:世子出生时,父亲要沐浴朝服,夫人也如此。然后立于阶阼,面向西,世妇抱着孩子自西阶而上,父亲呼叫,然后再下来。书上还说到三月之末,择吉日,父亲执小孩右手,咳而命名。"

妻子笑了起来:"刚说你胖,你就喘起来了。瞧你,我又不是学童,你怎么讲起五经的课来了,说了半天我也没听明白,这'世子'是什么?"

"'世子'是世胄贵族家的子弟。"

"我们家也算世胄贵族吗?"

"这……"

"既然不属于世胄贵族,就不必死守那古礼,什么'三月之期'呀,什么'咳而名之'呀,左邻右舍谁管这一套?"

"夫人所言不无道理,那么就变通一下。我家姓马,昨天晚上我又听到骏马嘶鸣,就叫这孩子马驹吧。"

"怎么给孩子取这么俚俗的名字? 你读书五车,现在却又吝啬起来,不肯赐给孩子一个嘉名。"

"娘子有所不知,这'马驹'是孩子的小名。小名者,幼小卑贱之称。为了便于小孩健康成长,无灾无病,无惊无怕,人家还专门选一些污秽不洁之物给小孩命名呢,如猫娃、狗娃、茅缸等等。正式的称谓是字,那要等孩子长大成人举行冠礼时才题取。"

"好吧,就依你说的办。夫君,你看小马驹的脚上有什么?"

丈夫低下头,看到孩子莲藕般的小腿,两只白嫩的小脚胖乎乎、圆溜溜,惹人疼爱。足底上各有一个轮形的花纹,仔细辨认,像是一个图案,又像是一个字。

"这像是一个卐字。"

"卐字是什么意思?"

"卐本不是汉字,而是梵文,据说与佛陀有关,具体是什么意思,我也说不清,我对佛典用功不多。"

听说马秀才家的孩子一生下来就足有佛纹,左邻右舍奔走相告,大家络绎不绝地前来观看,见者无不惊异称奇。

转眼间马驹生下已过百日,这一天马秀才又送走一批前来观看足纹的乡民,这时有一位僧人走进庭院,向马秀才合掌施礼道:

"施主,我是本邑罗汉寺的住持,听说此处小主人足有佛纹,祥瑞异常,老衲想看个究竟,不知是否可以?"

"欢迎师父光临寒舍,犬子足上确有一轮纹,不足为奇,怎敢惊动师父法驾?"马秀才急忙将罗汉寺的僧人请进厅堂,并让人将马驹抱出。

　　　　　　　　　　　　　　　　马驹——道一传灯录

僧人仔细端详马驹的双脚，一边看，一边不住地点头称奇。马秀才的妻子在一旁问道：

"请问师父，我家孩子足纹的图案究竟是什么意思？"

"这是梵文符号，本读室利靺蹉，则天皇太后长寿二年定此字读音为'万'，意思是吉祥之所集。相传释迦牟尼佛胸部即现此瑞相，《华严经·入法界品》说：'胸标卐字，七处平满。'慧苑《华严音义》中也说：'案卐字本非是字，大周长寿二年，主上权制此文著于天枢，音之为万，谓吉祥万德之所集也。'所以我要恭喜施主生得贵子，与佛门有缘，如能让小公子进入佛门，不仅他自己可以成为大德龙象，吉祥如意，而且还能弘扬佛法，济民于水火之中，成就第一希有功德，不知施主是否割舍得下？"

"先儒所说的修齐治平、内圣外王，不也能济苍生、安社稷吗？"马秀才当然割舍不下，忍不住插了一句话。

"施主言之有理，但依儒家所示，只能得声闻、辟支、罗汉果，不能得菩萨乘，灭除根本烦恼及所知障。"

"你佛门小乘只讲利己，我孔孟则讲利他，焉能同日而语？"

"施主所说极是，我只就境界而说，孔孟讲大用天下，人尽其才，物尽其用，但才如施主，有八斗七步之高，何处可用？如不能被用，此心又何处安置？"

"这……"

僧人的话刺到了秀才的隐痛处。大唐王朝立国以来，虽然广开言路，废除汉魏以来的察举制、征辟制、九品中正制，改以科举制选官。无论出身世胄还是寒素,都可以通过乡贡省试的方式获得科举出身,再通过吏部铨选被授官,但科举取士每年人数有限,考试方式也多有束缚,考官取人也不无偏差,故乡野之中仍有遗贤,马秀才便是一颗被埋入泥沙中的遗珠。所以,他嘴上虽然为儒门争面子,但自己心中也有困惑。加之,弄璋之喜,举家同庆,他也不愿意再与寺僧逗口舌之能了。沉默片刻,僧人提出要走,他便陪同出去,将僧人送到大门口。

童心向道

俗话说:"有苗不愁长。"不知不觉间,小马驹已学会了走路,也能自己活动了。童性好玩,小马驹有时候顽皮地将舌头伸出,竟然能超过鼻子。小马驹的身体发育很快,相貌也越长越奇异,牛行虎视,颇与众不同。

小马驹的兴趣爱好与别人家的小孩也不同。人家小孩聚到一块儿说说笑笑,喜欢玩官兵捉强盗、藏老猫、娶新娘、办家家等游戏,他都不喜欢。别人家孩子在官道上捡到行人丢失的铜钱呀,小物品呀,总是欢天喜地,有时就将铜钱拿去换几个麻饼吃,但小马驹见到这些东西毫不动心,像是见到泥土砖块一样。

父亲整日在他的书斋中用功,对儿子的性格毫无察觉,可是细心的母亲将儿子的一举一动看在眼里,愁在心中。有一天她忍不住对丈夫说:

"夫君,你说我家小马驹,越长越怪异,做事也与众不同。郁郁寡欢,言语又少,很少和其他孩子一块儿玩,我真担心他这样下去会憋出什么病来。"

"他害怕别的孩子笑他的长相,所以躲着不肯出去。你就不要勉强他了,由着他的性子发展,这叫适性扬才,我看不会有什么毛病的。"

"这孩子是我向佛菩萨祷告后才生的,生下后足又有祥瑞之纹,或许他真的像那位法师说的,与佛陀有缘呢。"

"既然如此,你就去寺里还一个愿,顺便带小马驹出去玩一玩。"

丈夫说毕,又回到他的书斋中,一头栽进圣贤经籍中去了。妻子开始忙碌起来,张罗着去罗汉寺上香还愿。

第二天一大早,小马驹就随着母亲到了罗汉寺。小马驹看到母亲跪拜在佛菩萨前,他也赶快跪下;母亲叩头,他也叩头;母亲上香,他也跟着上香。表情严肃端庄,郑重其事。上完香,母亲领着小马驹在寺院中观光,栩栩如生的菩萨、罗汉塑像,色彩鲜艳的各种壁画,什么九色鹿王、割肉饲虎、飞天乐伎、灵山说法等,母亲领着他,为他指点解说,小马驹聚精会神地听着,生怕漏掉一个字,大眼睛还不停地眨巴,有时还不解地提问:

"妈妈,这是什么?"

"傻马驹,这是观音菩萨。我就是求了观音菩萨才生了你。"

"观音菩萨像妈妈。"

"傻孩子,不要乱说,妈妈怎能像菩萨。一个是凡人,一个是菩萨;一个在地下,一个在天上。"

"妈妈,您看那些小孩为什么要把头剃光,为什么要坐着敲木鱼,数珠子?"

"那些是小沙弥,在做功课、念经。"

"沙弥是什么,为什么要念经?"

"沙弥就是剃度出家的小和尚,念经是为了作佛。"

"妈妈,我也要剃度出家当小沙弥,我也要作佛!"

"你还小,出家太辛苦。"

四川什邡县罗汉寺

马驹——道一传灯录

"妈妈,佛还有大小之分吗?您不是说进寺院求福慧,如果是求辛苦,我们何必来,大和尚小沙弥何必出家呢?四处皆苦,何必来这里呢?"

母子两人正在嚷嚷,迎面走来一位老和尚,正是前次去过马秀才家的那一位。只见他双手合十说道:

"阿弥陀佛,善哉!善哉!好一个佛无大小,四处皆苦。女施主,你家小公子体相古逸,识见不凡,老衲看他根器不浅,愿收他为徒,不知施主是否愿意割爱?"

"谢谢师父美意,我们只有这一个男孩子,我家夫君还想培养他读圣贤经籍,将来还要靠他金榜题名,光宗耀祖呢。出家的事恐怕……"

"阿弥陀佛!女施主,科场、官场都没有道场清净。你家秀才当局者迷,跳不出羁绊。从旁观看,苦海无边,回头是岸。"

母亲没有再辩下去,带着小马驹回到了家,并向丈夫说起老和尚的一番话。秀才只是笑了笑,没有说一句话。

有一天傍晚,绚丽的夕阳照在归巢的鸦背上,牧人赶着羊群、牛群拦入圈中,劳作一天的农人收拾农具朝家走,邻家的小孩喊着叫着回家吃饭了,但还不见小马驹回来。母亲出去寻找,一边走一边叫,小马驹平时可能去玩的地方都找遍了,仍然不见踪影。

母亲灵机一动,想到了罗汉寺。于是她就走到寺内,但见禅房一片寂静,纤尘不染。母亲找来找去,最后在大殿中见到了小马驹。只见他双腿盘坐,双手合十,两眼似睁还闭,似睡还醒。母亲见此情景,又好气又好笑,赶忙把他拉回去。

从此以后,家中人如再找不到小马驹,就跑到罗汉寺,保准能找到他。小马驹有时与小沙弥一块儿敲木鱼,有时陪禅客坐禅,有时听住持讲经。父母开始很不以为然,后来见他很执拗,劝来说去都不管用,再说去寺院总比去市井歌楼好,孩子不至于沾染许多恶习,于是也就默许了。

寺里的那位老和尚对小马驹很器重,给他讲了《楞伽经》《金刚经》。他发现小马驹记忆力超群,讲过的经书,下次就能复述大意,有许多段落甚至能背诵。尤其令他吃惊的是,小马驹颖悟非凡,机辩过人,对佛理领会得很透彻。

物换星移,寒来暑往,转眼间过了四五年。这天,罗汉寺的老和尚将小马驹叫到禅房,看到小马驹由当年的小孩子长大成小伙子,不由感叹起来:

"马驹呀,你是我的在家弟子。黄鸡唱晓,白发催年。你佛法精进,而老衲垂垂朽矣,我看你是可造之才,今特修书一封,介绍你到资州找唐和尚修习。"

"唐和尚?"马驹不解地问道。

"唐和尚是我的同门师兄,法名处寂,俗姓唐,所以人们又叫他唐和尚。他也是诗礼传家,十岁那年,父亲亡故了,于是削发出家,做了智诜禅师的弟子,而智诜则是五祖弘忍的法嗣。智诜与法如、神秀、老安、玄赜、惠能被认为是真正能弘扬东山禅法的六大弟子。智诜、处寂开净众一派，倡导'无忆、无念、莫忘'的法门。据说武则天在万岁通天元年召惠能入京，但惠能婉言拒绝，只是将作为传法凭证的袈裟交了出去。第二年，武则天派张昌期到资州请智诜禅师赴京师，于内道场供养。"

看着马驹聚精会神聆听的样子，老和尚很高兴。他清了清嗓子，继续叙说道：

"有一天则天武后询问诸位大德高僧说：'大和尚们是否有欲？'神秀、老安、玄赜等都回答说无欲。则天武后见智诜禅师没有言语，便又问他说：'大和尚是否有欲？'智诜禅师回答说有欲。则天武后又问：'为什么有欲？'智诜答道：'有生则有欲，不生则无欲。'则天皇后听后恍然大悟，对智诜分外敬重。"

"后来怎么样呢？"马驹的兴致越来越高，竟有些迫不及待了。

"别性急，我这不是在说嘛。"老和尚爱怜地看了马驹一眼，不慌不忙地往下说道：

"过了不久，智诜辞归。外间传说临行时武则天把袈裟赐给了智诜，让他回故乡永为供养。同时又令内侍将军薛简将此事通知惠能大师，并另将摩纳袈裟一领及绢五百匹充乳药送给惠能。后来武则天还将处寂召入宫，赐他摩纳九条衣。这些当然都是外间的传闻，不足征信。但智诜及处寂在我蜀中法席最隆，却是人所共知的事实。他的门下才俊云集，你投到唐和尚门下，一定会百尺竿头，更进一步。"

马驹回到家中，向父母说明罗汉寺老和尚的举荐和自己的打算。父母知道这孩子生来就执拗，言语不多，但一旦决定的事，九头牛也拉不回来。何况马秀才屡次考场失意，对科举功名也渐渐地冷淡，益发觉得凡事不能强求，还是委运造化，率性自然的好。襄阳隐逸诗人孟浩然说："儒道虽异门，云林颇同调。"儒佛虽然颇多轩轾，但在追求善人利他这一点上，却有一个契合点。自己年龄渐高，对佛典不可能深钻，对佛理也不能彻悟。马驹这孩子坚忍不拔，于佛理颇多体会，或许还真会像人们传说的那样成为一代高僧。这倒应了人们常说的有心栽花花不开，无意插柳柳成荫。于是他默许了。

离别之际到了。马驹背起母亲为他准备的行李盘缠，就要出发了。父亲、母亲和几个妹妹与他依依惜别，马驹向父母行跪拜大礼，又惹得母亲和几个妹妹潸然泪下，恋恋不舍。此去资州，是马驹的第一次远行，亲人难免牵挂；一旦正式入佛门，世俗的纷扰尘缘，必须放下、淡泊，纵使再见面，也不能如以往般的亲昵了。所以母亲与马驹执手相向，无语凝咽。

烟波渺渺，暮霭沉沉，黄叶飘零，北雁南飞。深秋的长亭古道更显得萧索凄凉。

　　　　　　　　　　　　　　　　　　马驹——道一传灯录

巴山蜀水觅法音

资州剃度

资州(今四川资中县)在什邡的东南方,也属于成都府所辖。从什邡到资州,途中要经过益州(今四川成都市)和简州(今四川简阳县西北),水陆交通都比较方便,但路程迢迢,需要走好多天。

马驹途经益州,发现益州不愧为天府之都,物产丰富,人口众多,南来北往,熙熙攘攘,波斯商人在珠宝店前用生硬的汉语兜售玛瑙翡翠,于阗胡姬用媚眼和笑容将客人迎进酒店,吐蕃猎户则将珍禽异兽的皮毛堆放在道边,任人挑选,好一派富庶繁华景象!难怪人们说,除了东西两京外,扬州、益州都算是天下的名都,时人誉为"扬一益二"。

马驹生性好静,故找了一个僻静清洁的小店歇脚,第二天很早就起程,没有观览益州的风光。出了益州城后,马驹起早贪黑,披星戴月,终于风尘仆仆地来到了资州德纯寺。

德纯寺在一片绿树掩映中,寺院的山门、大殿和后殿沿中轴线规则地排列,左右两侧是僧舍和禅房。香烟缭绕,肃穆庄严。

马驹进了寺院后,找到执事的僧人,说明来意。执事僧说:

"施主,你是今天第三个来找我们住持和尚剃度的,今年已经有几十名施主慕名从五湖四海来到我们德纯寺,要求削发出家。住持和尚正在坐禅,你先住下,容我随后禀告。"

"为什么会有这么多人呢?"马驹不解地问。

"哈,你问得真古怪,那么你为什么要风餐露宿,不辞辛苦,来找唐和尚呢?还不是慕他的法名。再加上尘世间烦恼事太多,不向空门何处销?"

执事僧性格爽朗,话匣子一打开,就不容易关住。微胖的脸上,老是浮动着笑容,有几分弥勒佛的样子。每逢有新来出家受戒或云游的人,他就会借介绍寺院简况来显示一番自己的博学。

"你知道唐和尚是何许人也?他是智诜禅师所印可的法嗣。智诜禅师又是何方人?他是中土禅宗五祖弘忍大师的弟子,得东山禅法之真传。所以达摩祖师传到东土的禅灯,是由我们德纯寺的唐和尚接续了。就连新罗国都派王子来向唐和尚求法呢。"

执事僧故意停下来,提顿蓄势,观察马驹的反应。

马驹未置可否,只是静静地坐着。执事僧给马驹冲了一杯茶,然后自己拿起一杯盖碗茶,慢悠悠地呷了一口,又开始了他的讲述:

"唐和尚能未卜先知,预测未来。有一天他对我说:'明天将有外国宾客来,你带人将寺院打扫干净,准备迎接。'我当时感到很纳闷,并没有人禀报说有客人来,住持和尚怎能知道?第二天,果然是新罗王子来求法。你说奇妙不奇妙?更神的事还在后头。开元初,资州新来了一位太守王晔,他原本是道教徒,景云年间曾荣立功劳,故又还俗任资州刺史。他与佛门有隙,所以想趁机相挟报复。到任后,他就下令让沙门集合起来参拜自己,许多寺院的僧众都去了,唯有处寂不下山。有人劝他还是参拜一下,不过是虚与应付,不必当真,免得太守借题发挥,酿成祸患。住持和尚对我们大家说:'你们虽出家为比丘,但并不懂善恶果报。我不会遇难,王晔能奈我何?'王晔到任的第三天,各寺院僧徒都络绎不断地去参拜。有人在王晔耳边低语说:'只有处寂和尚没有来拜贺。'王晔倨傲地坐在堂上,怒形于色,大声斥责,当听到处寂不来参拜他的真实情况后,越发暴跳如雷,准备处罚僧众,诸寺僧众战战兢兢。这时,王晔突然头痛欲裂栽倒在地,左右侍从将其扶回家。不久王晔便气绝身亡。资州人都认为王晔多行不义,所以才遭此报应。"

执事僧说毕,便拿着罗汉寺老和尚的推荐信进去禀报。马驹一边喝茶,一边打量着禅房:室内虽有些小,但布置得雅洁大方,纤尘不染。几案上放着高高一叠经卷,上面用蝇头小字抄写得整整齐齐。字的结构隽秀中透出刚健,自然中见出潇洒,颇见功力。马驹随手向下翻,发现整摞纸全是用一样的字体抄写的。要抄完这些经卷该花费多少年的时间呀,马驹不禁对抄经人肃然起敬。

马驹心中正浮想联翩,这时执事僧回来了,说唐和尚要见马驹。马驹便跟着执事僧,穿过药栏、花房,一条曲径通向幽僻处。马驹随着执事僧进入幽室,光线一下子暗了起来,眼睛感到不太适应。突然,马驹看到几束幽幽亮光在闪动。他定睛一看,啊,怎么会有两个庞然大物蹲在那里?马驹在什邡见过猎户下套子捕捉到的老虎,可现在是两只活物张着血盆大口,悠闲地磨牙。马驹本能地向后退了一步,显得有些惊惶,执事僧见状仍笑嘻嘻地说:

"施主,不必惊惶,这是两只驯兽,它们正听师父说法。"

马驹惊魂甫定,抬起头来,见两只老虎果真没有伤人的意思。在老虎蹲伏的地方还有一高座,座上有一位长者,人极瘦小,但神采奕奕,两眼如炬,焕发出一种睿智的光芒。长者用温婉的语调说:

"请问施主来此有什么事?"

马驹猜想这必定就是唐和尚处寂,但罗汉寺长老在信中不是都写了吗? 他为什么还要明知故问? 不过,马驹还是恳切地回答:

"想请师父为我剃度。"

"为什么要剃度?"

"我要出家。"

"出家？为什么出家？是父母亡故，科场失意，还是生活贫困，两情不合？"

"都不是，是为了学作佛。"

"佛不可学，不能作。学的是言语，做的是泥塑木偶！"

马驹感到很纳闷：这唐和尚果真古怪，他为什么老是刁难自己？马驹抬起头来，目光偶然与唐和尚相遇。他感到那坚毅的目光中又含有一种鼓励和期待，于是便大胆地回答：

"佛不可学，那为什么师父眼中充满大智慧，猛虎经过驯化也变得慈悲？一滴朝露可以折射出太阳的七彩光，一轮明月可以照映千山万壑，一苇渡江才有达摩禅法沾霖天下。怎能说佛不可学呢？"

"说得好，我同门师弟的眼光不错。老衲就收你为徒，就根据你刚才的回答，给你取法号为道一，明天为你主持剃度仪式。道弘，你将道一领去先歇息吧。"

执事僧将道一领到一间寮房住下，道一因为旅途劳累，用完斋饭后便躺下。这一夜他睡得很香。

第二天一大早，鸟雀的鸣叫声聒醒了道一，他很快穿好衣服，洗漱完毕，走出寮房，随着寺内的僧人一块儿诵经，然后用斋饭。道一虽然还没有正式出家，但是这些程序仪式他在什邡罗汉寺都见过，并不陌生。不过，他还是有一种莫名的激动，竭力抑制着自己的这种情绪。

庄严的时刻终于盼到了。

执事僧将道一领到大堂,唐和尚已在此等候,另外有几名俗家子弟也神情庄重地侍立在一旁。

唐和尚首先说道:"各位施主,我现在马上要为你们剃度,从此以后,你们就是佛的出家弟子。出家为什么要剃须削发呢?"

唐和尚停顿片刻,然后接着解释:"剃度是佛门弟子接受戒条的一种仪式,削发出家是度越生死之因。剃须发,荐染衣,便成为佛的出家弟子,便可以破骄慢,断除一切烦恼,并且我佛门出家有别于外道之出家,三世诸佛都曾接受这一仪式。各位施主,请依次来接受戒法!"

几位俗家子弟按照次序,庄严地接受着剃度。

轮到道一,他平静地来到唐和尚面前,跪拜过后,合十稽首,双目微闭,只听唐和尚用洪亮的声音问道:

"道一,佛的出家弟子不杀生,不偷盗,不淫欲,不妄语,不绮语,不恶口,不两舌,不贪欲,不瞋恚,不愚痴,你能持戒否?"

"能持!"道一坚定地回答。

唐和尚为他剃去须发,并交给他一套僧衣,然后对道一语重心长地说:

"道一,从此你就是我佛的出家弟子,好好随各位师兄弟修行,希望你勇猛精进,早日修得菩萨正果。"

从大堂出来,道一仿佛身上卸掉了千斤重担,特别轻松,头上也特别凉爽。从幼年起,道一就怀有的出家愿望,几经曲折,几多磨难,现在总算实现了。他好像攀爬山路,登上了一个顶峰,极目远眺,无限风光尽收眼底。他轻松地舒了一口气。

拜谒无相

道一随唐和尚修习,转眼间过了两个年头。在这段时间中,他经常听到人们谈及新罗王子无相,但不知详细情况,于是便向执事僧请教:

"道弘师兄,请问新罗王子无相求法是怎么回事?"

"噢,你说的是金和尚吗?这事说来话长。他俗姓金,所以人们称他为金和尚,原籍海东(今朝鲜半岛),属新罗王族,是该国国王的第三子。开元十六年(公元728年)泛舟东海来到我大唐,到长安后,玄宗皇帝还曾召见过他,将他安置在禅定寺。他听说了智诜禅师的大名,所以来到我们德纯寺,但智诜禅师早已寂灭,于是他便师从处寂禅师。处寂已预知他要来,便让我们洒扫迎接。处寂给他取法号叫无相。他与处寂禅师说禅,得到印可。唐和尚在一天深夜将摩纳法衣授予他,让他另立门户,弘扬东山禅法。无相随唐和尚学的是杜多行……"

"道弘师兄,什么是'杜多行'?"

"杜多行就是杜多之行法。杜多,是梵文的音译,又译杜茶、头陀,意译是抖擞,即抖擞烦恼。据说摩诃迦叶入佛门后,也曾率领五百弟子在韦提河山修习杜多苦行,被称为'头陀第一',佛陀称赞他'大行渊广'。行杜多时,要守十二项苦行。"

"哪十二项?"

"第一项是着弊纳衣,又叫粪扫衣,将人丢弃的衣物洗净,缝成法衣,也就是百衲衣。第二项是三衣,又叫但三衣,就是只着僧伽梨、郁多罗、安陀会三件,不用其余的衣服。以上两项属于衣服。第三项是常行乞食,要求自行乞食,不能受他人之请,也不能食诸僧之食。第四项是次第乞食。第五项是受一食法。第六项是节量食。第七项中后不得饮浆。以上五种属于食事。第八项是阿兰若处,意思是要住于远离人家之空闲处。第九项是冢间住,意思是住于坟墓之处。第十项是树下止。第十一项是露地坐,因树下还有庇荫,所以要坐露天。第十二项是常坐不卧,常趺坐而不横卧。以上五项属于住处。"

"杜多行这样严格!"

"是的。但无相并没有知难而退。在师父的指导下,来到深溪岩谷下坐禅。有一天,大雪纷飞,遇到猛兽觅食,无相不惊不惧,躺卧下来,愿意以身饲兽,两只野兽从头至足,将他嗅了一遍,最后却离开了。他在山中住久了,衣破发长,有一次打猎的人竟怀疑他是异兽,准备向他射箭,听到说话声,才停了下来。他白天在坟墓间,夜间坐于树下。益州长史兼剑南道节度使章仇兼琼慕名将他请到成都净众寺，^①从此无相法席大盛，声誉日隆。

① 净众寺，《历代法宝记》作"净泉寺"，今从《宋高僧传》。

道一虽然没有见过无相，但道弘师兄的介绍活灵活现，将无相描绘得栩栩如生，给他留下了深刻的印象。

有一天，唐和尚派人来找道一，道一来到唐和尚的禅室，行礼参拜。唐和尚对他说：

"道一，你从什邡来随我修习，很有长进，但我不久将要入灭，不能再启发你了。我有一弟子无相，已得我的衣钵，在成都另立门户，你可随他继续修行。"

"不，师父！弟子只拜您一个师父，何况您这里更需要弟子侍奉照料。"道一执拗地回答。虽然他对无相心仪已久，可要他拜无相为师，他还一时转不过弯来。

"道一，师徒只是名分，也是差别，名分与差别都属假相，不可执着。只有超越，才能活参，才有彻悟的可能。何况道之所存，师之所存。出家人只有摆脱世俗羁绊，方可入佛境界。你随我参学已久，难道连这个道理都不懂？"

道一见唐和尚言辞恳切，句句在理，不容推托，只好辞别唐和尚，返回成都，去净众寺投金和尚无相继续求法。

道一风尘仆仆,来到净众寺,向执事僧说明来意,执事僧告诉他,金和尚无相正在说法,明天再通禀。

原来无相到成都后,僧俗信徒云集,纷纷诉呈他们所遭遇到的各种烦恼及苦难,请求指示解脱的门径。无相为了使大家能较有系统地全面理解禅法,于是决定每年十二月和正月,开设道场,升座说法。

道一心想:自己本来就是向金和尚求法的,现在适逢金和尚开演妙谛,也算是一种缘分。于是就随执事僧来到大殿,垂听金和尚说法。

净众寺的大殿宽敞宏大,殿内大约能容纳四五百人。道一发现殿内已挤满信徒,门厅、廊庑前也满是善男信女,人虽然很多,但却寂静无声,讲演还没有开始。道一找了一个人较稀疏的位置,因为距离太遥远,根本看不清金和尚的容貌。

"各位善知识,各位大德。"

道一知道讲演要开始了,于是竭力摒除杂念,悉心听讲。

"首先,让我们大家引声念佛,用足一口气来念,气尽后再停下来。"

于是场内沸腾起来,诵念声此起彼落,汹涌澎湃,汇成一股又一股声浪,在人海中涌动,在殿堂内外回荡,响彻云霄。

道一也跟着念,同时思忖:这是《文殊般若经》中的"一行三昧",弘忍禅师的另一弟子神秀也提倡这一法门。

"各位善知识,各位大德,今天我给大家讲禅法精要,概括起来,共有三句,分别是:无忆、无念、莫忘。这三句是总持门,也就是总纲。其中无忆名戒,无念名定,莫忘名慧,一心不生,具戒定慧之学。无忆是指不追忆执取过去之境,防止外驰之心:既无外驰之心,就可以免犯戒之过失,因此第一句用来配戒。无念是指不预念未来荣枯之事,没有内心的烦躁:既无内心烦躁,那么禅定之功就可以完成,因此第二句用来配定。莫忘是指虽无外驰之心,无内心烦躁,但并非无心如死灰,而是说要净智现前,觉性圆明,因此第三句用来配慧。离开宗旨演说方便法门,千头万绪,但宗旨所归,仍在此三句。"

金和尚是新罗人,汉语讲得不很纯正,说话较慢,但中气足,声音洪亮,字字入耳,尤其是以无忆、无念、莫忘三句配戒定慧三学,纲举目张,简明扼要,令人耳目一新。道一听来犹如春风吹拂,通体舒泰。

"各位善知识,各位大德。诸念不起,就好比明澈的镜面,能照映万象;诸念浮起,就好比镜的背面,不能照见一物。无念就是真如门,有念就是生灭门。一切众生,如依循无念,便是佛的真正弟子;无念即是戒定慧俱足。我的这三句,是达摩祖师本传教法,请诸位谨记。"

讲演结束时,无相又让赴法会的全体僧众一起息念坐禅。

第二天早上,道一在执事僧的导引下,参见了金和尚。

金和尚得知道一是处寂派来的,非常恳切地询问:

"师父法体如何?"

"唐和尚年事虽高,但精神矍铄,唯气力不如从前。"

"这就好,这就好。你此行是……"

"处寂师父要我追随金和尚求法。"

"岂敢!岂敢!你我是同门师兄弟,我怎敢谮称人师,存此念头就是罪过。"

"师父嘱咐说:师徒之间,不过是名分差别,都属假相,只能超越,不可执着。金和尚昨天大弘无忆、无念、莫忘三句,弟子听了如饮醍醐,怎么今天你又执着于'忆'与'念'呢?"

"这……"金和尚露出很为难的样子,却又无法反驳。

"金和尚,道之所存,师之所存。望金和尚能容我请益求教。"

"处寂师父和道一师兄既然都这样想,那我就恭敬不如从命了。"

"请问金和尚,弟子有一事不明白,不知该不该问?"

"请直说吧。"

"弟子听金和尚所讲三句总持门统一戒定慧三学,如闻狮子吼,根尘震落,获益匪浅。但我似乎从未听处寂禅师讲过,莫非也是教外别传?"

"问得好,问得好。"无相微微一笑,接着说:"智诜禅师与处寂禅师确实没有讲过,但这是达摩祖师的心要。"

"请问金和尚，弟子是否可以不传承本门的修行方法？"

无相赞许地点了点头，迟缓而又坚定地说："俗世尚且有转益多师之说，我佛门理应允许弟子有胜师之义。常言说，识过于师，方可传授；识与师齐，减师半德。我若墨守师说，无异于戕杀祖师，屠宰子孙，这才是最大罪过，要招致灭顶之灾呀！"

这一番话讲得很舒缓，但道一听来却无异于雷鸣海啸，令他震撼不已；又仿佛清风徐来，吹拂掉镜面上的各种尘垢，露出澄明洁净的本色，涵容映现着万千事物。

道一原来修习禅法，攀登不能说不高，但岭树重遮，不能极目远望。无相的这几句话如樵夫砍尽山林，又如飓风摧枯拉朽，使他的视野豁然开朗。抬眼望去，真个是"江流天地外，山色有无中"。[①]新视觉的唤醒同时带来朗照宇宙的新境界。

① 王维《汉江临泛》。

道一这时才明白了处寂禅师的精心安排，同时也体会到无相是在有意点拨他。

无相禅师当时有五位知名弟子：神会、无住、惠超、明月山融禅师和汉州云顶山王头陀。其中神会俗姓石,祖籍西域,生于凤翔(今属陕西),年三十入蜀谒无相,利根顿悟,冥契心印。他曾说:"寂照灭境,超证离念,即心是佛,不见有身。"无相曾感叹地说:"我的学说皆为你所得。"后继无相为净众寺住持。

无住,俗姓李,凤翔郿县(今属陕西)人。年二十从军朔方,当时信安王充河、朔二道节度使,留他任卫前游弈先锋官。后来他弃官访道,遇到居士陈楚璋,说顿教法,默传心法,从此绝思断虑,事相并除,白衣修行大约三五年。天宝八年(公元749年)无住受具戒,去五台山清凉寺。居一年,至西京安国寺、崇圣寺。天宝十年,又北上灵州(今宁夏灵武西南),住贺兰山二年,听到商人传说金和尚在剑南教"三句总持门",遂于至德二载(公元757年)出走,经定远(今陕西西乡)、凤翔入太白山,转凉州(今陕西汉中)。乾元二年(公元759年)正月,到成都净众寺拜见无相,无相非常高兴。当时正是受缘之日,无住当夜随众受缘,经三日三夜。后入茂州(今四川茂汶)白崖山。永泰二年(公元766年),在无相去世五年时,由杜鸿渐等主持,请回成都,初住空慧寺,后居保唐寺至终。无住改无相三句"无忆、无念、莫忘"中的"莫忘"为"莫妄"。无住留下许多箴言,如:"但修自己行,莫见他邪正;口意不量他,三业自然净。""摄己从他,万事皆和;摄他从己,万事竞起。""知足大富贵,少欲最安乐。""有缘千里通,无缘人对面不要识。""说食之人,终不能饱。""无念即是转《法华》,有念即是《法华》转。"

道一在净众寺时,无住还没有来,所以无住的许多公案语录是道一后来才听说的。神会与道一也有交往,他的"即心是佛"的思想也为道一所接受,成为熔铸道一禅学思想体系的一个重要命题。

　　开元二十年五月,[①]无相正在设道场开缘说法,忽然心里一阵悲凉,脸上露出不快,旁边有一僧问道:"师父,您今天为什么面带忧伤?"

　　无相回答说:"我师处寂禅师现在入于寂灭了。"说罢稽首向东南方向遥拜,众僧俗似信非信,在下面窃窃私语。

　　霎时间,阴风四起,遮天蔽日,林寂山空,冻云悲滞。

　　道一最为伤心,他想到处寂禅师在病体衰弱时,还专门安排自己外出游学,向金和尚学法,自己却失去了为处寂侍汤奉药的最后机会,于是一种自责的心情油然而生,不免临风洒落了许多清泪。

　　无相对着听讲的大众说:"天地之间,众生迁流,你来我往,生灭无常。生命本来就是一种缘,缘聚则在,缘散则灭,大千世界的其他事物,又何尝不是如此呢?希望各位善知识不要过于执着,过于忧伤。"

道一本想再回到资州参加处寂禅师的入葬仪式,但没过几天,从资州德纯寺有僧人带来处寂给道一的遗嘱,大意是说如道一愿继续精进,可请渝州(今四川重庆)圆律师主持,完成道一的具足戒。

道一找到无相,说明处寂禅师的意图,无相也认为处寂禅师想得长远,敦促道一安排行程,早日完成受戒,成为真正的比丘。于是道一就决定南下渝州去。

渝州受具

渝州(今重庆市)位于涪江和长江的汇流处,为东西水上交通要冲,古为巴国地,据说因阆、白二水东南流,曲折如"巴"字,故谓之巴。隋文帝开皇九年,因境内有渝水,故改称渝州,唐代沿用了这个名称。

道一水陆兼程,来到渝州圆律师习禅处,说明来意。[①]

圆律师听完他的叙述,爽快地答应了他的要求。

① 关于道一受具足戒的地点,说法不一。权德舆:《道一禅师塔铭并序》:"初落发于资中,进具于巴西。"按汉分巴为三郡,"以永宁为巴东,阆中为巴西,垫江为巴郡"(见《巴记》)。巴西郡即唐之阆州(治所在阆中),又绵州所辖亦有巴西县。此暂从旧说。

"好吧，既然是处寂禅师的遗嘱，你又是禅师的高足，还曾游学于金和尚，由我授具足戒没有什么问题。但你须知具足戒是大戒，是解脱戒中之至极。受戒时，同时可得如此无量无边等戒，量等虚空，境遍法界，莫不圆满充足，故名具足戒。中华僧尼要依据《四分律》受戒，其中比丘戒有二百五十条之多，你能一一奉持吗？"

"能持！"道一坚定地回答。

具足戒是大戒，只有受此戒后才能成为真正的出家人，即比丘和比丘尼。汉化佛教自隋唐以来均依《四分律》受戒，比丘戒二百五十条，年龄不满二十岁者不得受此戒。受此戒时必须具足一切条件，故称具足戒，简称具戒。其主要条件有三，即监察僧人（内地十人，边区至少五人）、场所（戒坛）、程序（会议誓约）。监察僧人又称临坛大德，一般要由律宗僧人担任，因为他们是以研习和传持戒律为主的教派。

圆律师就是律宗的僧人，他对五部律均有研究，尤其以对《十诵律》《摩诃僧祇律》《五分律》和《四分律》的研习最为精深，曾在长安终南山修持多年，并参加过许多僧人的受戒仪式。入巴蜀后，驻锡于渝州。从此，巴蜀地区的僧人受具足戒多由他主持或由他参加。

这次道一的受具仪式又是由他安排，并由他出面邀请了九位资深的律宗僧人作为临坛大德，加上他本人一共十位，如此隆重肃穆的场面，是蜀中所少见的。

道一是第一次经历这样的场面,他看到十位临坛大德肃穆庄严,就连参观的僧俗信徒也充满虔诚的表情,不苟言笑。他颇受感动,但很快又平静下来。犹如山涧中的泉水,飞溅腾跃,蹦蹦跳跳,喧闹着穿过崇山峻岭,最后汇入大江大河,注入一碧万顷的湖海,反而悄无声息。裹挟的泥沙被过滤澄清了,伴随的浮躁和激动也被净化平息了。清幽泓澄,流光空明,玄默无声,涵映着一切,承受着一切。

　　一切如律如仪,在隆重、庄严的气氛中进行。

　　圆律师为道一授具足戒后,深知道一是个可造之才,就对他说:

　　"道一,你前程远大,不要僻居西蜀,应如长江出峡一样奔出剑南,朝宗于海。你何不趁着年轻,云游天下,遍谒大德呢?"

　　"请师父明示,我应何去何从?"

　　"如今在衡岳般若寺的怀让禅师,是六祖惠能的法嗣,法席隆盛,追慕者云集,你不妨参谒怀让禅师去。"

　　"我听处寂禅师和金和尚无相都提到过他,但不知他的禅法有何特点?"

　　"怀让禅师俗姓杜,原籍京兆长安(今陕西西安市),祖先迁至金州安康(今陕西汉阴县内)。怀让生性谦让,志向远大,弱冠即赴荆州玉泉寺从弘景学律。受具足戒后,入嵩山从老安长老咨询禅法。老安见他志向超迈,思维清朗,深知是大根器,便又荐他到韶州曹溪,参谒惠能大师。"

"怀让来到惠能道场。惠能问他：'你从何处而来？'怀让恭敬地回答：'我从嵩山来。'惠能又问：'什么东西如此而来？'怀让当时不能回答。经过八年修证，忽然大彻大悟，于是便对惠能说：'师父八年前的问题我有了领会。'惠能问：'如何领会？''如果说它像任何东西的话，它就不是原来的它了。'惠能心知怀让已获顿悟，便问：'怀让，你已心地澄明，圆通无碍，不知你是否还继续修证？'怀让回答说：'修证还会继续，但此心清净，不会被污染了。'惠能知道他已经禅法成熟，便嘱他另立门庭，播扬佛法。怀让来到南岳衡阳观音道场，故人称他'南岳怀让'。当时有僧人玄至拘于刑狱，怀让救其脱难，故玄至称他为救苦观音，于是传扬广远，法门大启。"

　　"怀让论禅主张佛性无待而常，不住而至，非语言可以表达，亦不凝固为特殊的事相，心地本有之佛性，本自具足，不敢污染，保持其澄明圆通。其道玄妙，其辞微约，我不能道其详细，你如欲知其深浅，登堂入室，还是自己拜谒去吧。"

　　道一于是决定沿巴峡下巫峡，南赴衡岳，参拜怀让。

南岳巍巍受心印

溪声山色

从渝州出发,道一买舟东下,随着滔滔江水,飘飘摇摇便过了涪州(今四川涪陵)、安州(今四川忠县)、万州(今四川万县)、云安(今四川云阳县),很快就到了夔州(今四川奉节县),船家要稍作休整,道一便舍舟上岸,到夔州看一看。

夔州在唐代属山南东道,朝廷在此设有都督府,州治在鱼腹浦和西陵峡之间、瞿塘峡附近,与白帝城相连。

夔州城雄镇瞿塘峡,高踞长江江腹,春秋时是古夔国,战国时属楚国,秦汉时称鱼腹。三国时,蜀主刘备东征事业未竟,崩于夔州永安宫,后人为其建先主庙以纪念。城西南七里的峡谷沙岸上,传说有诸葛亮入蜀时布下的八阵图。在先主庙之西,还建有武侯祠。这两位同心同德的君臣,迄今仍享有乡民相同的祭祀。

此时已值深秋,风急天高,落木萧萧,不时还传来几声凄清的猿啼。道一见峡江两岸断崖千尺,壁立如削,不禁生起神工鬼斧之叹。瞿塘峡、巫峡、西陵峡千里之长,曲折蜿蜒,高危狭窄,长江就被紧紧夹束在这狭道中。这匹在上游放荡不羁的巨龙如何肯善罢甘休呢。于是它一会儿恼羞成怒,咆哮呼喊;一会儿横冲直撞,突上堤岸;一会儿借机撒气,恨不得将过往舟船全部撕个粉碎,吞入腹中。

道一耳闻目睹这一切,感叹不已,山水险恶,如鬼哭狼嗥,森森然如地狱变相,使人不寒而栗,于是更向往那宁静、和谐的清凉境界。

离开夔州后,船便如脱缰之马,迅捷非常,万水千山,瞬息闪过。巫山十二峰、屈原宅、昭君村、归州宋玉宅等名胜古迹,每次都是舟人为他指点,但还没有等他仔细观赏,舟船已如脱弦之箭,飞行而过。《金刚经》结尾有偈语:"一切有为法,如梦幻泡影,如露亦如电,应作如是观。"道一过去常常感到领会不深刻,现在坐在风驰电掣般的轻舟之中,才强烈地感受到纷纭万相的虚幻,悠悠千古的短暂。佛陀认为一切有为法,都应该作如是观,更何况本来就虚幻不实的现象界呢。

出了三峡,便是荆门。荆门山和虎牙山一南一北,高高地对峙着,船便从两山之间穿过。一过荆门,天地忽然间就开阔了,崇山峻岭渐渐消失了,江水也变得宽平起来。船行渐缓,道一在过三峡时的高度紧张,也一下子解除了,他长长地舒了一口气。回首望去,连绵的巴山越来越模糊,映入眼帘的是水随天际,芳洲碧树,道一知道已经进入了楚地。

日色向晚,海月东升,远处闪烁着星星灯光,船已来到荆荆州(今湖北江陵县)是山南东道的治所,又是一座历史名城,古楚国的首都郢城就在这里。此处的地理位置很重要,北经襄阳可达长安、洛阳,南下岳州、潭州,便可到达道一的目的地——衡州,再朝南就可往桂林、广州。它处于长江腹地,是连接西蜀和东吴的港口、出峡入峡的必经之地,是东南西北交通的大枢纽。

　　荆州也是当时中南地区的重镇,商旅往来,熙攘不绝,市井繁华,人民富庶,寺观楼台,鳞次栉比,歌楼妓馆也星星点点地散布着,男男女女隐约出没。管弦伴着俚词艳曲,随风袅袅传来,道一听不懂那软媚的楚音。但见那船工闻声而振作起来,跟着哼哼不停。什么"蚕生春三月,春桑正含绿。女儿采春桑,歌吹当春曲……采桑盛阳月,桑叶何翩翩。攀条上树表,牵坏紫罗裙……"[①]"春蚕不应老,昼夜常怀丝。何惜微躯尽,缠绵自有时。"[②]

　　船工征询道一说今天就不走了,休息一番,明天再接着赶路。道一本也打算在江陵逗留几天,观赏名胜,拜访当地的缁流,但一听到那些淫词艳曲,他便觉浑身不舒服,马上改变了主意,于是对船工说:

① 南朝乐府民歌西曲歌《采桑度》。

② 南朝乐府民歌西曲歌《作蚕丝》。

"我还有些事，船就不要停了，我们连夜出发，赶往岳州，我可以多付些船费。"

　　船工极不情愿地将系好的缆绳又解开，慢吞吞地摇动橹。末了，还回过头来朝那灯火阑珊处瞟了一眼，流露出恋恋不舍的神情。

　　船行经公安、石首，便到了岳州（今湖南岳阳市）。听说燕国公张说主持修建的岳阳楼气势非凡，道一便舍舟上岸，信步岳阳城。楼在城西门，果然壮丽，登楼可以鸟瞰洞庭湖。道一登上最高层，望天看水，但见水天一色，日月也好像出没其中，随着潮水上下起伏，波涛汹涌，拍打震撼着岳阳城，道一心潮亦为之激荡。

　　道一途中观览山川胜迹，如行云流水，不知不觉已到了衡州（今湖南衡阳市）。衡州的治所在衡阳县，这里东傍湘江，北背蒸水，上接荆门，下控岭南交州、广州，历代为湘中的交通枢纽，人文渊薮。

　　道一在衡州城找了一个清静的茶寮，歇息一会儿。主人为他洗涤茶具，用滚烫的开水冲了一杯香茗。道一轻轻啜了一口，一股清香幽幽生出，通体舒泰，旅途的劳顿已被冲散不少。

　　举目远望，但见西北方极远处，绵延连亘，萦青缭白，与天际相接，道一向主人询问，主人颇为自豪地回答说：

　　"这就是五岳之一的南岳衡山。"

　　主人见道一似乎是第一次来衡州，便喋喋不休地为他介绍起来。

衡山为天下名山,五岳之一,因位于中华南疆,故列南岳,所以也称衡岳,又名岣嵝山。传说炎帝曾于岭上设馆阁,祝融也曾居于山南,以其分野为二十八宿之中的翼、轸两宿,又照应着北斗七星中的机、衡两星,故称衡山。也有人说是因为山顶如车盖及衡轭之形,故名。

衡山为岷山支脉,枕压潇湘,连绵八百里,上有七十二峰、十洞、十五岩、三十八泉、二十五溪、九池、九潭、九井。峰之大者以祝融、天柱、芙蓉、紫盖、石廪最著,又以祝融峰最高。还有回雁峰,也属七十二峰之一,其峰势如雁回转。相传大雁每年秋天南迁至此峰而止,第二年春天又开始北归的行程。

大诗人李白用他的生花妙笔描绘衡岳景色:"衡山苍苍入紫冥,下看南极老人星。回飚吹散五峰雪,纷纷飞花落洞庭……"[①]

道一虽还没有攀登,但胸中已叠峦耸嶂,紫霞冉冉,白云缭绕,清凉之气凛然顿生。他驰思悬想:怀让禅师驻锡的般若寺,该就在那白云生处吧?

① 见李白《与诸公送陈郎将归衡阳并序》。

栖心禅理

道一来到般若寺时，已是傍晚时分，夕阳的余晖洒在大殿飞甍上，一片红光闪耀，更显得寺院巍峨壮观。

道一来到山门口，向寺里的僧人说明来意，很快出来一位眉清目秀的小沙弥，说他带领客人去找师父。道一见这沙弥，眼如点漆，唇似樱桃，说话奶声奶气，走起路来还蹦蹦跳跳，一片童心烂漫。他估计这小沙弥最大不会超过十二岁。

道一不由地联想到，自己也是在垂髫之年对佛法产生兴趣的。在小沙弥的身上，他似乎看到了自己昨天的影子。

是啊，外物往往是促使人类进行自我观照的一面镜子，智慧欢喜缘此而生，贪痴瞋恼也缘此而生。

般若寺院依山而建，曲折回环，高低错落，虽由人作，宛自天开，足见建造者的匠心独运。

道一随着小沙弥的导引，在碎石铺就的甬道上穿过两排高大的菩提树，又经过一片幽篁，低矮的竹篱斜插，金黄的丛菊簇拥着挡住了去路。小沙弥向左一闪，踅进另一条小径。道一也跟着拐了过去，但见前面是另一番景致。一所小屋顶上覆满稻秸和茅草，门窗全用原木，不加斧斫，不施色彩，窗口有数竿疏竹随风摇曳。整个布局虽有些简陋，但显得朴茂自然，毫无匠气。

小沙弥推门进去，道一猜想这该是方丈室吧。想到就要见到怀让禅师了,道一心中非常喜悦,但又有几分紧张。

小沙弥引见之后,就退了出去。道一对着室中静坐的长者合十稽首。礼拜之后,他述说了自己此行的打算,并恳切地希望能得到禅师的开示。

怀让禅师仪表奇伟,风度闲雅,听了道一的讲述,展了展眉毛,慢悠悠地说:

"好吧,你就留下。"

然后,他又将刚才的那个小沙弥唤进来,让他给道一安排僧舍,盥洗完毕后,领道一去用斋饭。

道一再拜,怀让禅师轻轻挥手示意,道一便和小沙弥一起退出。

道一发现,怀让禅师很少讲经说法,各位弟子自己静修,有时几人在一块儿辩难对机,待感到自己禅学功力较深厚时,再去找师父开示,祈望印证。

既然成了同门,道一慢慢与其他师兄弟熟了起来。他感到同参的师兄弟们,个个身手不凡,经论娴熟,思维敏捷,口齿伶俐,不管是进斋饭时,还是路上碰面时,经常唇枪舌剑。有的言辞犀利,有的诙谐幽默,有的以动作体态作答,有的则以默然无动不答为答,令道一佩服得五体投地。

其中有一位师兄叫坦然,原来与怀让禅师同学,曾一同在荆州玉泉寺修行。有一次坦然听到怀让一边读经,一边叹息:"出家人应当掌握无为法。天上人间,哪有比无为法更好的呢?"坦然就劝怀让谒嵩山安和尚,安和尚又荐他到曹溪参谒惠能大师。等怀让获悟住山、独立门庭时,坦然又反过来参拜怀让,所以无论年龄还是识见他都远远超过其他师兄弟。

道一觉得自己与师兄弟们相比,境界差了一大截子,便开始对自己严格要求,每天读经、坐禅,眼不侧视,心无旁骛,全神贯注,从早到晚,一丝不苟。

由于师父身边总有许多勤学好问的弟子,不停地提问,各地的游方僧也经常来对机,地方的长官及文士也隔三岔五上山问禅,师父整日忙于接引,弟子又多,所以也就没有特别留意道一。道一干脆率性而为,对外界的一切不闻不问,诚心坐禅。有时误过了吃斋饭,有时陷入沉思,所以路遇师兄弟们,也不招呼问答,痴痴呆呆。有人在他背后指手画脚,窃窃私语议论他,他因为没有注意听,所以也不以为然。

道一修持的是面壁静观,即达摩祖师当年在少林寺所采用的修行法。它要求修行者摒弃一切外缘,做到内心无一点儿喘息波动的程度,静下心来就如墙壁一样,截住内外出入往来的妄动,然后由此便可入道。道一坚信,只要凝心壁观,摒弃杂念,由定发慧,一定可以证悟佛性。他心想:就连达摩祖师都坚持默坐冥想,长达九年。金和尚无相也能坚持息念坐禅,我才刚刚入门,更要精勤不懈地坚持下去!

冬天来了,朔风呼啸,飘雪纷纷,非常寒冷,道一仍坚坐不动。道一心想:古人为求佛法,敲骨取髓,刺血济饥,投岩饲虎,都在所不惜,我受这一点点皮肉之苦又算得了什么呢? 想到这里,身体的寒冷早已忘得一干二净。道一挺直脊梁,静坐雪中,任大雪纷纷扬扬地飘洒在自己的身上……

有一天,他又开始默坐冥想,修习禅定。忽然,一股暖流自下而上在周身奔腾,回荡! 他觉得浑身发热,头上汗涔涔的。于是干脆将棉袍脱下,默坐起来,寂然无为,竟一点儿也不觉得寒冷。他感到自己的修行取得了效果,所以越发精勤不辍。

道一坚信自己找到了修持的正确法门,缘此门而入,一定能观赏到全幅的佛界山水,并能登堂入室,自成主人,最后步入无量福乐境界。

磨砖作镜

道一住在衡岳传法院中,独处一庵,天天摒弃与人交谈,以默不作声的方式拒绝了来访者。吃了闭门羹的那几位僧人议论纷纷,将道一的异行传扬开来,有不以为然的,也有背后讥笑道一是个钝根人,没有慧心,只能靠渐修来积功德:

"哼,我看他那傻样憨劲,怪可怜的,恐怕是北派的种子,不配做我们曹溪宗的法嗣。"

"他这样胁不沾席,终日不辍,坚持了近一个月,不知何时能精通三藏理,断灭三界欲,获得六神通,具足八解脱,成为胁尊者第二?"

怀让听到弟子们这些议论，一开始不知道在说谁，听了一会儿，才知道是在议论那个从四川来的年轻学僧。他联想到自己几次经过传法院，这年轻僧人都熟视无睹，纹丝不动，当时自己还以为他只不过是个乡野鄙夫，不太懂规矩，现在看来，是自己误解了他，他当时可能坐禅入定，自然就不拘师徒之礼了。他能这样也真难得，换上其他弟子，肯定会主动走上前来与自己打招呼，攀谈一会儿，赞颂奉承几句。或许这西南蛮子还真是一个大乘根器，且让我相机点化开导一下，把他引上顿悟成佛之路！

怀让微微一笑，计上心来。

这天中午，天气炎热似火烤，室内像蒸笼似的，暑热使人简直有点喘不过气来，室外的暑气更是让人汗流浃背。知了仿佛也热得受不了，发出枯燥的叫声，愈发让人感到焦躁不安。所以许多僧人都到树木浓荫处或通风的山洞中躲避去了。

怀让缓缓来到传法院，见道一静修的小庵柴扉半开半掩，道一仍然在坐禅。

小庵不易散热，这年轻僧人竟稳如磐石地坐在里面，毫不退转，实属难得。怀让不禁生起了几分怜惜之情。

"请问小师父，天气如此毒热，你仍然枯坐不动，为何不像其他僧人一样去避暑，不知究竟图个什么？"

道一缓缓睁开了双眼，双手合十，慢慢回答："想——成——佛。"

怀让二话不说，他拣了一块砖在院中大青石上磨了起来。

道一见没有人再询问,以为来人已走,于是凝神静虑,将各种思虑欲念逐出大脑,心中又恢复了宁静清凉的境界。湛蓝的天空,闲云悠悠;清澈的湖水,深不见底,云影荡漾;莲花亭亭净植,香远益清;菩提树叶婆娑,送来阵阵爽气。

湖南衡山磨镜台

　　忽然一阵刺耳的聒叫,把道一再次从清凉宁静之境拉回到现实之中。砖与石的摩擦,单调刺耳,不忍卒听。道一极不情愿地睁开眼想看个究竟。

　　原来是怀让禅师在院子中费力地磨着砖块。道一感到很纳闷:这老汉葫芦里到底卖的是什么药?平时他很少来此地,今天怎么冒着似火的骄阳磨这块破砖头?他看到怀让禅师认

　　　　　　　　　　　　　　　　　　马驹——道一传灯录

真专注的神态,于是大惑不解地问道:

"大和尚磨这块砖头干什么?"

"我想把它磨成一面镜子。"

道一忍不住想笑:这里的僧人都说自己憨,这大和尚怎么比自己还傻? 于是他脱口说道:

"磨砖怎么能够成镜呢?"

怀让知道将这年轻学僧引入了彀中,把砖一抛,拂袖立起身来,目光炯炯地望着道一:

"磨砖既不能成镜,坐禅又岂能成佛?"

道一心头一怔,电光石火,灵机闪烁,但仍未捕捉住怀让禅师的旨意,于是就恳切地请教:

"那么依大和尚之见,怎样才能成就佛果?"

怀让没有正面回答,而是反戈一击,以守为攻,给道一提出了一个问题:

"这就好比牛驾车,当车不走的时候,作为车夫,你是打车呢,还是打牛?"

道一一句"打牛"正要脱口而出,忽然若有所悟,又生生咽住。咦,打车当然不行,可是打牛又何尝对? 打牛时能行车,可谁又能日夜不停地打牛? 不打牛的时候,车不是仍旧不动了吗? 噢! 我以坐禅修佛,坐时或能成佛,但我怎能日夜不停地坐? 我不坐禅的时候怎么办? 那时佛在哪里,佛在哪里啊?

道一感到怀让的话暗藏玄机,高深莫测,于是沉默无言,等着师父的下文。

天旋地坼中，怀让破开混沌救了道一，他缓缓点拨：

"禅学的精神乃在明心见性，而不在枯坐冥思。你是学坐禅呢，还是学作佛？如果是学坐禅，禅不在于是坐是卧；如果是学作佛，佛也没有固定的相状。若拘泥于表面的形式，执着于固定的形状，就是有所取舍，而取舍与佛法是南辕北辙，用力越勤，离佛法越远。"

道一全神贯注，听得非常专注。怀让进一步开示道：

"假如你是学作佛，无异于是在杀佛！要是一心坐禅，在有所取舍上下功夫，永远也悟不出佛理。"

又一次雷鸣电闪，山呼海啸，强烈震撼着道一，心灵上翳蔽的黑暗，终于划出一道闪电，忽然间天地生光，涵映着河山大地，青青翠竹，郁郁黄花，一切都是那样清新自然。道一悟性迸发，慧心澄明。于是上前向怀让礼拜，然后又提一问：

"那么如何用心，才能达到绝对的最高境界？"

"道一，你学明心见性的禅法，就好比农夫播撒种籽，而我教你禅法要旨，好比天降甘霖。只要条件关系两者契合，就可以了悟绝对本体。"

道一似有所悟，又问：

"你说要了悟绝对本体，绝对本体既不是物质，又不是形相，那怎么才能悟道呢？"

怀让肯定地回答：

"明心见性同不执着于物相一样都可以悟道。心性包含一切种子,遇甘露即可萌发。"

"那么有成坏吗?"道一仍穷追不舍。

怀让循循善诱,诲之不倦:"如以成坏聚散来看,所见就不是道了。因为它没有固定的形相,当然也没有成就与败坏的分别了。"

道一经怀让禅师的几番点拨,豁然开悟,心意超然。于是他再次对怀让致以深深的谢意,行弟子礼。

从此,道一随侍怀让,一直过了十年,禅法日臻玄奥。

密受心印

怀让在南岳般若寺弘扬佛法,声名远著,僧俗俊彦,归者如云。其中为人们经常提及的有道一、严峻、玄晟、常浩、神照、法空、智达、坦然和新罗人本如。最后被怀让印证,成为入室弟子的,却只有道一、常浩、智达、坦然、神照和严峻等六人。

怀让有一次登堂说法:"各位大德,请你们仔细听我说,一切法都从心里面生出。如果心地澄明清净,那么法就无所拘滞。诸位如果心地了达,自然行为上无所羁绊。如果你们没有遇到上乘根器的人,千万要注意言辞谨慎啊!"

有一天,道一、常浩、智达、坦然、神照、严峻等六弟子随侍,当有人问谁可获得禅师的衣钵时,怀让回答说:

"你们六位随我学习佛法有年,各有心得,各有所获。譬如我有肢体器官,你们各得其一。其中常浩善于威仪,获得我的眉毛;智达善于顾盼,获得我的眼睛;坦然善于听理,获得我的耳朵;神照善于和气,获得我的鼻子;严峻善于谈说,获得我的舌头;道一善于古今,获得我的心法。"

在六弟子之中,道一被评为得怀让心法,自然满心欢喜,更注意时时处处体悟微妙法门,真正获得怀让禅师的禅学精髓。

有一次,道一随侍怀让,见有山民从附近集上赶集回来,用山货换回许多物品,大大小小,琳琅满目,其中有一面镜子,闪闪发光。

道一触景生疑,便问师父:

"师父慈悲,镜子照人,照成形象后,不知原来镜上的光,跑到哪里去了?"

怀让慈眉善目,微微一笑,再次用启发式的问句反问道一:

"不知道你孩提时的相貌,如今到哪里去了?"

道一被老师猛然一问,当下悟了过来。

"道一,你讲话时四川的方音仍然这样浓重,你是四川什么地方人?"

"师父,我刚来观音道场时就曾禀告过您,我是成都府汉州人。"

"哦,我只记得你说是资州处寂为你削发,渝州圆律师为你授戒。你家难道就在汉州城里吗？"

"不，我家在汉州什邡县城，县北有罗汉寺，我幼时即在那里修习。"

"你说你是汉州什邡人？什邡县……罗汉寺……"

怀让沉吟良久，将"什邡"与"罗汉"反复念诵了几遍，仿佛在追忆什么。

"道一，你出家前俗姓什么，叫什么名字？"

道一感到师父今天大不似往日，婆婆妈妈，陈芝麻烂谷子，问这么些琐碎事做什么，当年来到南岳时，都告诉过他自己的身世了。但见师父问得恳切，他就如实回答：

"我家姓马，世代居德阳，后迁至什邡，父亲是一秀才，满腹经纶，但举业无成，所以赋闲在家。我生下时，他给我取小名叫马驹，说等到二十岁举行成人礼时，再给我正式题取表字……"

"什么，什么？你说你小名叫马驹？"

道一感到师父的表情变得有些异样，又由丝微异样变成满目惊诧，很快又变成疑惑。于是委屈地回答：

"出家人不打诳语，小僧委实幼名马驹，听母亲说，我出生时有骏马嘶鸣而过，所以父亲触景生情，取物假借。父亲说，我小名虽俚俗，但易于养育，命名方法又合《左传》申繻的五法原则，据说孔子给儿子取名为孔鲤，也是采用这种纪事法。"

道一见师父不再听他说话。而是嘴里不停地喃喃自语："什邡……罗汉……马驹……"

他心里不由得纳闷起来：师父葫芦里又不知要卖什么药，嘴里不停地念叨。

"道一，你今天晚上三更时分到我的禅房来。"

道一见师父神情庄重，于是默默点头答应。

道一回到自己的禅房，静坐养神，听更漏声声，估计快到半夜，于是起身出门。

从自己的住处，到师父的禅房大约半里路，山地高低不平，但道一对这段路很熟悉，闭着眼睛也可以走到，何况今夜月色皎洁，庭院如积水空明，甚至有荇藻摇曳，踩在上面如凌波万顷。定神细看，原来那积水便是溶溶月色，那荇藻便是婆娑的树影。这景致触引起道一的一种新感觉。再向前移步，便是一方大池塘，清风徐来，水波不兴，明净如一大镜面，镜上还浮动着圆光，仔细一瞧，哦，天空中的月亮投射在水中，人走动的时候，水上的月光也在移动，大塘中有大月，小洼中有小月，就连花枝上的露水珠，也映射着晶莹月光。道一不禁寻思：这满山遍野乃至大千世界该会浮动多少水月？没有喧嚣嘈杂，寂静无人之时，是这山川最美好的时刻。可纵使景致如此清幽美丽，人生扰扰，又有多少人能聆听天籁，静赏美景呢？又有多少人能参透这声色虚妄，领悟真如佛性呢？

道一边走边思索，恍惚之间，已到了怀让禅师的房门口，通禀之后，道一参拜了师父。

怀让肃穆地面壁跏坐，道一给怀让冲了一杯酽茶，然后肃立在一侧。

"道一，我把六祖惠能为我印可付法的过程给你说一遍。"

"师父，这一段公案弟子们都已记得烂熟，没有人不知道。"

道一原以为师父有什么玄机要相告，没有料到，这老汉深更半夜，就是为了给自己讲这段公案，所以一时竟被弄糊涂了。

"是啊，是啊！不过，有一个细节只有惠能大师和我知道，没有第三人知道，现在我要讲给你听。"

于是，怀让将惠能大师所说西天二十七祖般若多罗的偈语和谶记和盘托出，原原本本地告诉道一。

道一听着听着，眼睛睁得越来越大，满心感激，充满法喜，但又有一丝疑惑在眼中闪漾。怀让看到道一的表情，于是继续说：

"道一，这是大师金口玉言，我当时也疑惑不解，现在看来全应验在你身上了。弘扬曹溪顿悟禅法，祛除众生迷妄，任重而道远。你已获我心印，禅法精纯，现在可以别立门派，以弘扬光大南宗禅，让曹溪净水，洒遍天下，解救如饥似渴的众生。"

此时道一心中，波翻浪涌。过去修习坐禅，只不过求得自悟自觉，从今以后，则肩负起了弘扬大法、开示众生的重任，因此感到肩头沉甸甸的。

推门出去，满庭水月弥漫，他渐渐消融在这水月之中……

筚路蓝缕佛迹岭

屐痕点点

道一辞别怀让禅师后，心中空荡荡的。信步江岸，但见暮霭沉沉，楚天空阔，晚风萧萧，将芦荻梢头的绒毛，吹得上下飘舞，落在水面上的，随着江水翻腾升沉，一会儿，就被漩涡卷得不见踪影了。

道一不知道该往何处。惠能祖师的谶记并没有使他狂喜，师父临别时的谆谆教诲，语重心长，更使他心情沉重。由自度到度人，由学法到弘法，由禀承师训到另立宗门，这一切来得太突然、太不可思议了，让他措手不及，丝毫没有心理准备。

江岸浅滩上一只雏凫正全神贯注地追赶低飞的蜻蜓，回过头来，母凫早已游进芦荻丛中觅食。不见了母凫，小凫神色慌张，一边乱跑乱撞，一边呀呀尖叫，沙渚上回荡着凄凉的嘹唳，看来小家伙似乎从未离开过母亲翅膀的庇护。

道一挂一帆孤舟，水随天际，从衡州来到郴州，但见晨雾弥漫，山尖、塔顶、屋檐朦胧隐约，一片虚幻。

从郴州出发,他又来到韶州,寻觅六祖惠能叶落归根的宝林禅寺。万古长空,一朝风月,曹溪水依然潺湲,菩提树夹道成荫。面对着惠能大师结跏趺坐的真身塑像,道一虔诚地顶礼膜拜。虽然人去楼空,但道一仍感到很亲切,这就是他魂牵梦萦的圣地。恍惚之间,仿佛大师又在吐嘱妙语,演说佛法。音容笑貌,一切宛然,了无间隔。

瞻仰了大师的圣迹,他又恭读了惠能弟子法海集记的《六祖坛经》。当看到《见真佛解脱颂》,他不禁出声念诵起来:

迷即佛众生,悟即众生佛。

愚痴佛众生,智慧众生佛。

心险佛众生,平等众生佛。

一生心若险,佛在众生中。

一念吾若平,即众生自佛。

我心自有佛,自佛是真佛。

自若无佛心,向何处求佛?

道一心想:惠能大师说得多好啊!只要认识众生,就能成佛作祖,佛心不在别处,就在众生的心里,也就是在各自澄明不染的心中。"我心自有佛,自佛是真佛。自若无佛心,向何处求佛?"道一将这几句偈颂又念了一遍,蓦地恍然大悟:大师反复不断强调的,便是即心即佛,自心是佛。可是那些迷妄之人,却抛弃了本来具足圆满的自性,苦苦向外寻觅。贵远贱近,贵古贱内,又何日才能成佛呢?

道一离开曹溪时,一步一回首,五里一徘徊。他感到自己的悟性再一次被惠能大师所激发。他本就是圆满具足,什么也不欠缺,但过去并不知道,只是经过惠能、怀让这些大师们的开示,才观赏到本地风光,挖掘出自家宝藏。所以,他再一次朝曹溪方向深深地合十礼拜,然后飘然而去。

从韶州向北行,要翻越大庾岭,这一带崇山峻岭,高耸入云,中间夹着一条窄道,犹如咽喉,这是由广东到江西的必经之路。当年惠能大师得到五祖弘忍密授衣法后,连夜离开双峰冯茂山,昼夜兼程,赶到这一带,被追随其后抢夺袈裟的惠明赶上。惠能将袈裟掷在大石头上,惠明急忙伸手去拿,可是不知为什么,无论惠明使出多大的力气,也掀不动袈裟的一角。惠明好生敬畏,浑身发抖,连声喊道:"行者,行者! 我为求法而来,不为抢夺袈裟而来。"惠能为他开示佛法,于是惠明虽为同门师兄弟,竟也成为六祖的第一位弟子。

从大庾岭下来,便到了岭北的虔州。道一没有在这里多作逗留,又折而向东,来到了汀州,之后再北上,便到达建州(今福建建瓯县)的建阳。

芳草青青,屐痕点点,到处都印下了道一的足迹。一路上,道一游历名山大川,瞻礼前辈大德的遗迹,心中充满着法喜。

驻锡建阳

　　建阳(今属福建)居建州之北,建阳溪自北向南流经县城,下与南浦溪合流,然后浩浩荡荡经福州注入大海。建阳的地形西北高东南低,高处山峰峻峭,低处地势平夷。群峰襟抱,二水萦回,架石飞梁,呈奇献秀,水碧山丹,令人神往。此地形胜雄丽,江山助人,所以自古人才辈出。传说汉代梅福为了不受官场龌龊的污染,保持人性的纯真,毅然决然地辞去了南昌尉,来到了建阳隐居,后来飘然成仙而去,使得建阳留下了许多关于梅仙的传说和遗迹。

福建建阳佛迹岭

道一来到建阳崇泰里佛迹岭，就被这里的景致深深地吸引住了。这一带风景秀丽，红尘不到，最宜于学道参禅。自己奔波已久，早已有找一个地方暂作歇息的打算了，现在他凭直觉意识到，这就是那个地方。正在寻思的时候，山麓水滨一座佛寺映入眼帘。道一信步向佛寺走去。

丛木掩映之中，一条小径，弯弯曲曲，恰似九回肠，沿着山路，道一终于绕到一个幽僻之处。

寺小礼数多。寺院住持见有僧人来游方，满心欢喜，出门迎接，还亲自涤洗茶具，为道一沏上一杯香茗，并盛来一些鲜果素点，请道一品尝。当他听说道一是从衡岳怀让禅师处来的，不禁肃然起敬，好生仰慕：

"老衲对曹溪禅风十分钦仰，怀让禅师的修行高深莫测，老衲也早有所闻。只可惜我年已衰朽，腿脚不便，失去了向各位大师请益的机会。既然大德是曹溪法乳，又亲炙怀让禅师的禅法，万望不要推辞，将南宗禅的心要指示一二。"

"岂敢，岂敢。我前来挂单，多有叨扰了。方丈不嫌弃的话，我很乐意与方丈共同探讨顿悟法门。"

道一便在寺中住了下来。过了不久他就发现，这里虽然清幽宽敞，但修行的僧人非常少，上香火供养的善男信女也寥寥无几，所以整个寺院显得有些冷落。他不觉心生疑问，于是询问住持：

"请问大和尚，此地清幽宽敞，但为什么修行的僧徒竟如此之少,善男信女也不多见?"

"唉,大德有所不知,这一带虽然现在看似清幽,但过不久便不会再宁静了。一年四季,夏有蚊蚁叮咬,秋有鸟雀聒吵,冬有鼠类肆虐。过去也曾有许多大德龙象,路经此地,打算驻锡修行,可是没过多久,便陆续都离开了。老衲因是本地人,习惯成自然,也就不介意,所以一直没有离开。"

道一听毕住持和尚的解释,才知道其中的原委。他对修行僧人的陆续离开感到不理解,认为他们太缺乏坚毅之心了。在他看来,地僻人少,更有利于修持。但过了不久,连道一自己都觉得难以忍受了。天气渐渐热了起来,温度越来越高,由于寺院地势较低,又濒临水边,所以蚊虫、蚂蚁非常多,从空中和陆地两条路线大举进攻,对人进行袭击。白天晚上,轮番作战,并且往往是集体出动。皮肤上叮满了蚊虫,争抢着吮血,使人又痒又痛,难以忍受。出家人不得杀生,顶多只能闪动闪动身子,但蚊虫们成群结队,让你避之不及。最麻烦的要数蚂蚁了,它们虽然在地上爬,但每当你入睡时,它们便开始叮咬,有的甚至偷偷钻入你的鼻孔、耳孔之内,让你防不胜防,烦扰不堪。这样一来,让人意念纷乱,还如何能静修佛法呢?

道一记得幼时在故乡,也曾遇到过蚊蚁侵扰。家乡的人有一套办法,在每年端午节后到山中采集艾草,它的味道极其辛烈,蚊蚁闻了纷纷避得远远的。所以家家户户都将此草扎成一束,放在门窗上、纱帐旁;还可将此草晾晒干,制成香一样的细条,在房中熏烧,也能防止蚊虫的叮咬。有人外出干活儿或行走,如果将这种草佩带上一束,便不会遭到蚊虫的叮咬;还有一种方法,就是在院中放一只灯台,下面放一个大水盆,蚊虫都往光亮处飞,夜晚就都争先恐后地围着灯飞,到第二天早上,便见水盆上漂浮满了死去的蚊虫。当然,这第三种方法在这里是万万使不得的。我佛慈悲,为怜蚁命慎投足,爱惜飞蛾纱罩灯。彼此都是生命,岂能伤害它? 只要做到不受它的侵扰就足够了。

道一在山上寻寻觅觅,费了好大功夫,才终于找到了那种野草。他采集了一些,带回寺院,在自己的寮房里试验,果然很灵验,蚊蚁一下子少了很多。第二天,他便领着其他几名僧人,采集了许多野草回来,沿着佛堂、僧寮、方丈室一线铺开,到了晚上,几乎没有蚊蚁。道一和全寺僧众第一次不受蚊蚁干扰,甜甜美美地休息了一晚上。

道一还发现,同是一座山,有些地方蚊蚁较多,而有些地方蚊蚁则很少。经过观察,他很快便发现了这个秘密:地势高并且通风的地方,蚊蚁就少;地势低并且湿热的地方,蚊蚁就多。

他将这些发现告诉了住持和尚,并建议将寺庙迁到高敞处,如此便可以免受蚊蚁鼠雀之扰。住持和尚听后,沉吟片刻,然后感慨地说道:

"大德果然是名师之后,不仅佛法精深,识见也很高超。只是老衲年已衰朽,就在这里栖息。不如由大德在此岭的高敞处另建一寺,弘扬曹溪禅法。这样怀让禅师对你的厚望,也庶几可以实现了。不知大德以为如何?"

道一思量:住持和尚的建议不无道理,师父让我出来就是为了弘传禅法,广度众生,所以建寺度众义不容辞。只是如果要重建寺院,费用从何而来?另外,这里僧徒又少,信众不多,寺建成后,万一没多少信众,又如何大弘佛法?

住持和尚见道一迟迟不语,猜到了他的心事,便爽朗地说:

"建寺所需费用,由我向县衙申请,不足部分可以向当地的富户及善男信女募集,估计问题不大。至于僧众弟子嘛,大德开堂说法,能使顽石点头,四面八方的信徒一定会云集响应,纷纷前来问道求法的。"

道一听了住持的这一番话,好生感激,合十稽首,连声称谢。孰料这样一来,住持和尚反倒不高兴了,他对道一说:

"大德这样客气就不对了。你来这里弘法,使佛迹岭从此名实相符,这是建阳百姓的福分,也是老衲的福分。我没有感激你,你反倒来感激我,这不是让我担当不起吗?何况,连那庄周都知道'鱼相忘于江海,人相忘于道术',大德这样客气生分,不是难免有些世俗之嫌吗?"

住持和尚风度闲雅,一字一句,掷地有声,道一由衷生起了高山仰止的情怀。

住持和尚在当地声望很大,听说他为一位游方僧人在佛迹岭上另建新寺，而这位游方僧又是一位佛法精深的得道高僧，传说他对着蚊蚁诵了一番经文，寺院里的蚊蚁便逃之夭夭，杳无踪迹了，[1]因此大家都心生敬仰，慷慨相助。有钱的出钱，有力的出力。恰好本地的县令也是一位礼佛向善的居士，听了住持和尚的介绍，自然乐于赞助这一善举。于是没过多久，建寺的费用很快便筹集齐了。

经过几个月的紧张施工，寺院很快竣工了。虽然不是特别的华丽高大，但佛堂严整，宝殿肃穆，僧舍雅洁，确实是一片清净不染之地。每天伴随着朝晖夕阳，悠悠的钟磬声，袅袅的香烟，加上唱诵的梵音，随风飘荡，方圆几十里之外都能听得到、嗅得到。

按照原来的安排，快到道一开堂说法的时间了。这几个月来，他一直在寺院工地上跑来跑去，忙得不亦乐乎，弘法讲论的事暂时放在一边，现在却不能不慎重考虑了。自悟自觉是一回事，悟他觉人则是另一回事。首次开讲，关系重大，成败利钝，全在此一举。想到师父的谆谆嘱咐，住持和尚的殷切期望，他充满了信心，充满了激动。他似乎听见自己的心在怦怦跳动。

① (明)冯继科修：《建阳县志》卷十六记载："(道一)来崇泰里佛迹岭创寺，苦鼠雀蚊蚁之扰，作法禁止之，逮今永绝。"

　　　　　　　　马驹——道一传灯录

这一年,是唐玄宗天宝元年(公元742年)。[1]

①《宋高僧传》卷十《道通传》:"当天宝初载也,时道一禅师肇化建阳佛迹岩聚徒,通往焉。"这里据以推算。

开堂说法

开堂说法这天,道一早早就起来了。盥洗完毕,便推门出来,他瞅了瞅天色,心就沉了下来。但见乌云密布,冷风袭人,眼看一场大雨就要来了。一旦下起雨来,本来陡峭的山路会更加泥泞不堪,原打算前来听讲的善男信女们恐怕就不会来很多了。第一次说法,偏偏遇上这样的日子,真是天公不作美。

过了一会儿,道一终于定下心来,心想:听众不管来多少,都是一种缘分。我的心却切切不能紊乱。人来得多我对他们说法,人来得少我照常对他们说法。并且,退一万步说,如果一个人都没有来,也没有关系,我还可以对天地草木虫鸟说法……道一的心终于完全定了下来,结跏趺坐,双手合十,两目微闭,开始诵读《金刚经》。当他诵读到"如来所说法,皆不可取,不可说,非法,非非法。所以者何?一切贤圣皆以无为法而有差别"时,不觉心中豁然明亮,以前不理解的经文忽然全部理解了——如来所讲的一切佛法,毫无定相可得,无法具体言说。之所以这样,是因为佛法本非佛法,亦非不是佛法,说无却有,说有却无,所以不可取而得之,不可言而说之。既不能绝对肯定,也不能绝对否定。一方面,一切圣贤根器深浅、见解优劣各自不同,但皆可体悟佛说的无为之法,由此证得的果位有高下之分,可见佛法并不是固定的、死板的,而是无定的、随机的,没有定相、没有实体,所以是"非法";另一方面,一切圣贤又都是因无为之法而悟道证果,说明佛法并非不存在,所以是"非非法"……

正当道一豁然贯通,畅游法海之际,忽然,他感到眼前光芒照耀,闪闪发亮,简直让他眩晕了!他举目眺望,只见乌云早已散去,一轮红日正冉冉升起,朝霞如七彩刺绣的锦缎,在天空上铺开各种各样祥瑞的图案。情景奇妙,瞬息天成,令他大为惊诧。

山下的善男信女们扶老携幼,络绎不绝地来到寺院,有步行的,有骑马乘轿的,还有的小孩抱着宠物狗进了寺院。寂静的寺院一下子沸腾热闹起来了,像一口烧开的粥锅。

道一法相庄严地走进佛堂,里面的人早已坐得满满的。道一环视全场,定一定神,朗声讲道:

"各位大德,各位善知识,我今天为大家开讲运用大智慧到达解脱彼岸的无上佛法!"

声音平和坚定,掷地有声。喧喧攘攘的听众,顿时寂静下来,整个大殿鸦雀无声。只有道一那庄严的声音在回响、激荡。

"各位善知识，无论在家与出家，修行时间长或短，得道深奥与肤浅，都想得到大智慧，求得无上佛法。但是，请问，如何成佛呢？什么是明心见性的不二法门呢？"

道一采用设问，提顿蓄势，引起大众的注意。听众经此一问，果然生起了疑情，将注意力全部集中了起来。道一把握住时机，口若悬河，妙语连珠：

"我告诉你们：自心就是佛，我们的这个心就是佛心。当年达摩祖师从南天竺国来到我中华大地，所传布的就是上乘一心之法，以便使众生能够开悟，见到我们每个人原本就有的本来面目。达摩大师曾引《楞伽经》文，来印证众生心地皆有佛性。为了防止人们颠倒是非，不能坚信这个心就是佛心的法门，妄生种种偏见，达摩大师又以《楞伽经》中《一切佛语心品》为根本，指出'佛语心为宗，无门为法门'。所谓'佛语心'，就是即心即佛，佛的语言就是从我们不受尘染的心灵所发出的语言，因此说佛语心为宗；所谓'无门为法门'，就是说通达事物的体性是空的，没有一个独立不变的实体存在，一切现象都是空，自性是空的，也没有形相，所以说无门为法门。求法者应该懂得，除了我们这个心之外，再也不能到别的什么地方去寻求佛性了。因为在这个心之外，没有别的佛；在这个佛之外，没有别的心。大家切不可执着于善恶，不要落入清净与垢秽的区别，而要挣脱束缚，独立自足。凡是所见到的色相，都是自心的显现。心之所以能够表现为存在，全在于有色相的生起。明白了这个道理,你们的心就不会有什么挂碍了。要想证得大智慧菩提圣果,也是这个道理。心中所显现的,不过是色相。而如果我们懂得了色即是空,生即是无生的道理,就可以随缘任运,顺应自然,连穿衣吃饭,也是佛法的体现!"

道一讲到这里,略作停顿,举目环顾全场,但见听众全神贯注,如痴如醉,就连小孩子带来的小狗,也瞪大眼睛,张开嘴巴,谛听着什么……

这次说法获得了巨大的成功,道一在建阳声望日隆,四面八方前来的僧俗信徒,接踵而至。沉寂多年的佛迹岭,一下子沸腾起来。

过去,在建阳一带,往来传布佛法的僧人不少,但他们一般只是讲解抽象的义理、苛严的戒律、烦琐的经论,要求人们皓首穷经,苦修苦练,这与平民百姓的日常生活相距甚远,无法解决成佛解脱的实质问题。虽然也有人听说过曹溪惠能倡导顿悟禅法,但由于只是传闻之言,不能得其心要。现在有了曹溪嫡传弟子现身说法,清通简要,明心见性,给溽热潮湿的闽地吹来了一股清凉之风,让人通体舒泰,心旷神怡。听了道一的开示,人们欣喜非常,个个如大梦初醒,发现了久被尘封的澄明的本心,找到了证得菩萨智慧的方便法门。

说来也奇怪,过去岭上鸟雀成群,聒噪得让人心烦意乱。但在道一说法时,却是一片寂静。大概它们也被道一的说法所感动了吧。并且,从此之后,鸟雀的噪声便明显地减少了,即使是啼鸣，也别有一番清啭圆美之致，不再聒耳了。在那年入秋后，山上的老鼠也很少见到了。所以，当地百姓纷纷传说，道一大师曾对佛迹岭上的蚊蚁鼠雀宣示过禁令，于是这些生物都敛藏起来，不再扰乱佛迹岭上的僧俗信徒了。

有一天，一个小沙弥上山来参拜道一，他说自己从泉州南安来，俗姓何，法号道通。道一见他有天生的慧根，别有一番出尘的情致，就答应收他为弟子。后来道一迁至江西抚州西里山，又迁至南康龚公山，道通都相随而去。据说道一在临入寂时，曾对道通说："玉石润山才会秀丽，有益于你的修持，以后如遇到这类灵奇大山的话，你就可以在那里住下来，弘扬佛法。"后来道通来到唐州西边，看到这一带山峰孤耸，丛林茂密，人烟稀少，其中有一块山脊石头方方正正，颜色如紫玉一般，有出尘脱俗的情致，就问当地人这里是什么山，当地人告诉他此山叫紫玉山。道通一下子回忆起师父入灭前对他说的话，正暗合此峰，就感叹道："先师说的话，果然应验了啊。"就挂锡解囊，诛茅构舍，在这里弘扬佛法，前来参学的徒众云集响应。有僧问他："如何超出这尘世的痛苦?"道通回答说："青山不碍白云飞。"一时名声大噪，就连于頔相公也来参拜问禅。这当然都是后话了。

飞锡游方西里山

春城飞花

道一在建阳佛迹岭上大约住了两年多时间。唐玄宗天宝三载(公元 744 年)春节过后,天气日渐暖和起来。江南的春天来得特别早,刚刚过了元宵节,已经到处杂花生树,群莺乱飞,绿草在古道上肆无忌惮地蔓延,从近到远,一直连到天尽头,都是它们的势力范围,把春天的归路早早就给封锁起来了。

随着弘法事业的开展,道一的名声也一天比一天大了起来。春节前,道一接到江西抚州、洪州等地州郡长官的盛情邀请,希望他能前往江西弘法。如果确实不能在江西长期停住,那么短期逗留也行。这些书信言辞恳切,令人难以推辞。道一权衡考虑了一番,觉得建阳佛迹岭虽然清幽,百姓与地方官也乐善好施,但这一带僻处闽西北,人烟稀少,交通不便,宜于自修,却不便于弘法。况且自己在这里也作了一番努力,培养出了一批德才兼备的僧人,他们可以继承自己的事业,在这里继续弘扬大法,自己也可以放心离去了。于是他接受了邀请,打算先去江西一带看一看。

从建阳到抚州，要翻越武夷山脉。由于山势陡峭，行旅艰难，抚州方面准备派人迎接，建阳的官员也执意相送。道一婉言谢绝了两方面的美意，他与徒弟们稍事收拾，便从佛迹岭出发，翻山越岭。衣袖飘飘，如行云流水。

一路上虽然吃了不少苦头，但师徒们谈笑自若，毫无倦意。经常是行到水穷处，坐看云起时，体悟自然山水中的妙谛，反倒增添了另一番乐趣。就这样不知不觉来到了抚州城。

抚州的治所在临川（今江西抚州市西），东有汝水，西有临水，中间夹着一块平原，人称赤冈，抚州的州治便在这一带。抚州处于群峰环抱之中，山上林壑瞑蒙，造化钟灵毓秀，灵气氤氲。其中的青云岭、逍遥岭、盐步岭、萧家岭、天庆岭等五峰如侍卫一样环卫着州城。又有五座像台一样的石峰，旧称五虎台，形如五虎雄峙。城北有狮台，俯瞰大江，与五虎台遥遥相望。

道一驻锡的地方叫西里山，坐落在抚州郊外，此山并不高峻，但山形奇特，形似一尊犀牛，山前方的两口池塘分列于两侧，则酷似犀牛之双目，所以此山又叫作犀牛山。

道一来到抚州后，就在西里山诛茅盖篷，建成寺庵。州县长官及缙绅士大夫都已得知道一大师在这里建立道场，都关注着寺院的建筑，提供各种各样的赞助。没过多久时间，一座古朴的寺庵便矗立在西里山上，恰似为这座秀丽的山戴上了一顶宝冠。

道一决定在西里山寺庵落成仪式上，开示佛法。消息传出，临川城里，僧俗信徒奔走相告，人们扶老携幼赶赴西里山，络绎不绝。

道一在法会上，将他多年修行体会到的悟境，澎湃成汹涌的海潮音：

"各位大德，各位善知识。有人曾经问我，什么是寂灭？我的回答是：不生又不灭，便是大寂灭！法身无穷无尽，没有增减变化，能大能小，能方能圆。应物现形，如水中月。迷妄是指迷失自家本心，觉悟是指悟出自家本性。一悟便成永远的觉醒，不会重新陷入迷惑的沼泽之中。"

"各位大德，各位善知识。真如佛性在生活中运用的灵妙，完全存在于我们的心灵。这就好比月亮投映在万千条河川里：月影有万千，但真正的月亮却只有一个；河流有万千，但水的质性却只有一个；森罗万象有万千，但虚空只有一个。各种道理有万千，但根本智慧只有一个。请大家务必记住：一切法都是佛法，它的根本宗旨就是解脱，就是灭除灵与肉的种种痛苦，获得心灵的平和。行住坐卧，应机接物，都是佛法自然而然的体现。"

法雨霏霏，一直飘洒了两个多时辰。

前来听法的人们都被道一深深震撼住了。道一的说法清通扼要，巧设比喻，深入浅出。不像一般的人，搬弄一些似是而非的名词术语，在那里故弄玄虚，听得人糊里糊涂。听了道一的说法,人们都觉得,这个粗蠢的肉身之上有什么东西被震落了,尘封的心灵渐渐澄明了,心里渐渐亮堂了起来。

当时有一名廖姓少年,年仅十三岁,也不知从哪里听说了道一在西里山开堂说法的消息,兴奋异常,就打点行装,孤身一人,特意从南康郡虔州(治所在今江西赣县)赶来,一路上经历了说不尽的艰难曲折,终于聆听到了道一的说法。道一知道了事情经过后,很欣赏他为法忘身的勇气。当他看到这位少年机辩异常,很有慧根时,就将他留在了身边。过了不久,道一为他披剃,并给他取了个法号叫智藏。道一后来南下龚公山,智藏也随侍左右,并成为道一的三大入室弟子之一。

不缺盐酱

道一在江西一带弘法,获得了极大的成功,到了西里山,门庭更加繁盛,一时弟子如云。道一滋兰树蕙,辛勤培植,爬罗剔抉,刮垢磨光,忙得不亦乐乎。

是啊,儒家圣人孟子以"得天下英才而教育之"为人生一大乐趣,对于禅宗来说,寻找并培养那些有大机大用的法器,更是接续禅灯、弘扬佛法的关键。看到自己门下骁将翩翩,英才辈出,道一感到乐莫大矣,而这种乐趣,他认为只有做师父的才能有深切体会。

饮水思源,自己之所以能有今天,也是因为有师父的精心培养。回想起当年的求法过程，道一更加感激怀让师父。他暗自思忖：要不是碰到怀让师父，我可能仍然在一味地息念坐禅。师父针对我的傻坐枯坐，咄咄逼人地发问："磨砖既不能成镜，坐禅又岂能成佛？"这话太尖锐太深刻，也太残酷太无情了。它将我推入了无底深渊，令我彻底断绝了妄念，之后，又大发慈悲，将我的真如本性复活过来。这番教诲，对于我这个僻处西南一隅的毛头小子来说，简直是雷音震耳，警钟骤鸣！

道一遥望西南方向，双手合十，默默地祷告，为怀让师父虔诚地祝福。他似乎感受到，在这广袤无尽的虚空之中，怀让师父的期望也在朝自己飘来……他的心里不由得一震。

话分两头，再说怀让禅师。自从道一离他而去后，也难免时时挂念。他的弟子虽然很多，但真正能够登堂入室得其禅学奥旨的，只能数道一了。再加上惠能大师留下的谶记，更使他对道一额外寄予了一份厚望。

随着年事渐高，他的这份关心就更迫切了。他不时在心中盘算：爱徒道一离我而去之后，悟境是否有所提高，修持是否仍在继续？

有一天，当怀让正在给僧徒说法时，忽然又想起了道一，于是顺口问道：

"你们有没有人知道，道一是不是已经开始为众说法？"

徒弟们在下面开始议论了：

"听说道一师兄已开始住山说法。"

"据说他是在建阳佛迹岭创寺住山的,而且民间传说他有法力禁止蚊蚁鼠雀扰人,所以当地乡民都很信服他。"

"可不是嘛,不过,听说他现在已经离开建阳,又到临川西里山创寺说法了。"

怀让听了徒众的话,便又反问道:

"既然已经为众说法,为什么不给我捎个消息来?"

徒众们见怀让师父郁郁不乐,便没有人敢贸然回答。大家悄然无言,禅房顿时一片岑寂。

其实,怀让禅师对道一的挂念,除了世俗难免的师徒情谊外,还包含另一层特殊的意义。在禅宗之中,考察弟子是否真正获悟,除了师父的开示印证外,还要有人去勘验,验证清净澄明的自性是否一直被护持下去。

所以,怀让回到方丈室后,叫侍者找来一位机敏可靠的弟子,对他说:

"听说道一现在在江西为众说法,你去找到他,见面后问他在干什么。他回答什么话,你留心记下,回来告诉我。速去速回。"

那弟子谨从师命,旋即起程。一路上披星戴月,风餐露宿,总算赶到了抚州。

见了道一,弟子便说明是怀让禅师派来的。道一听说是从南岳般若寺来的僧人,非常惊喜,赶忙派侍者安排客人盥洗用茶,并准备各色时鲜水果及素点招待。他还忙不迭地询问师父的身体如何,寺中其他师兄弟的情况如何?

来人见道一急不可耐的神情,忍不住笑着说:

"道一师兄啊,莫急,莫急!你总得先让我喘口气再说吧!"

道一也感到自己的心情太迫切了,于是歉意地笑了一笑。

来客坐定后,将道一走后师父的情况、般若寺的情况详细叙说了一遍。当来客说到怀让师父经常念叨道一时,这些话一下子又勾起了道一对师父的怀念。道一歉疚地说:"这也怪我。离开师父后,我一直行踪无定,好不容易住下来后,却又忙于这里的法务,师父那里竟一时忘了问讯,真是罪过,罪过啊!"

"师兄不必过于自责。"来人接着说:"道一师兄阐化江西,我所到之处,听人们都称你为马祖、马大师,不知道师兄现在都做些什么?"

道一听了这话,心里暗吃一惊:他问我现在做什么,思维道绝,前言不搭后语,莫非是师父派人来勘验我的修持?想到这里,他不由得感慨万端,越发对师父敬重不已。好吧,既然是勘验我的境界,我也不能马虎,莫让师父小觑了自己。于是他风度闲雅,笑哈哈地说:

"自从胡乱后,三十多年了,我并不缺少盐酱。"

来客听了道一的回答,莫名其妙。

道一也不作解释,吩咐徒弟将来人好好款待。来人已经完成了师父交给的任务,也不多作停留,风风火火地往回赶。回到南岳般若寺,他如实向怀让师父作了禀报。怀让一听,对道

一的回答非常满意,脸上河渠纵横的皱纹中都洋溢出了喜悦。他抚掌大笑,连声称叹:

"说得好,说得好!"

他知道,爱徒道一的自性已圆满自足,内外俱明,他确实由小马驹成长为了一匹骏马,为师的该放心了。

过了不久,怀让禅师便圆寂了,他世寿六十八,僧腊四十八。入灭的时间是天宝三载(公元744年)八月十一日。

心有灵犀一点通,千山万水无阻隔。这天道一正在为徒众说法,忽然神情异样,满面悲凉,一向连贯的话语也断断续续起来。侍者见状,慌忙询问是何缘故。

道一停顿片刻,然后神情庄重地用低低的声音对众人说:

"我的师父怀让大师已经入灭了,请火速派几名僧人赶往南岳,以我的名义为怀让大师建一座塔。"

众人听后,半信半疑。执事僧派出的几名僧人,也都感到不可思议,在路上还说不会有这种事。但等他们五天后赶到衡山时,什么都清楚了。

与此同时,南岳的使者给道一通报怀让禅师圆寂的消息,众人才确信此事,都对师父的料事如神诧异不已!

何不自射

抚州一带山林茂密,水草肥美,各种野生动物都纷纷聚集在这里，到处呦呦鹿鸣，唧唧鸟啭，呈现出一派原始朴茂之美。

抚州百姓自古以来便以农耕为业，日出而作，日落而息。他们质性善良，从不惊扰猎杀动物，所以野生动物与人相安无事，相处无惊。村垄、地头、田间经常出现动物的踪迹，别有一番情趣，形成一种独特的生态景观。

但是也有外地的一些猎户，追逐禽兽来到这里，发现了这样一个天然猎场，欣喜若狂，不择手段地大杀猎物。野物开始不知道这些猎人包藏杀机，照样自由出入，见人并不惊恐，于是惨遭戕害，横尸遍野。这些被追逐、被猎杀的猎物发出凄惨的鸣叫，令人不忍卒听。于是，野物便开始警惕起来，不敢再随便出没于道路与村庄附近。

但猎户并不知收敛，反而变本加厉。他们在山林之中设陷阱、下圈套，在诱饵上涂麻醉药，所以野物仍不免纷纷遇害。漫步山林，不时见到污血及发腐的尸骨，不时听到哀哀鸣叫。道一师徒及善良的乡民对此深恶痛绝，但又一筹莫展，无计可施。

有一天，一个猎人追逐带着箭伤的小鹿朝这边赶来。小鹿虽然负伤，仍拼命逃跑，从一片密林出来，情急之下，见寺院门开着，便窜了进去。僧众一看便知其中缘故，于是把小鹿捉住，藏在寺院后面的花园中，有的人给敷伤，有的人给抹药，忙得不亦乐乎。小鹿静静躺着，眼中充满了感激之情。

再说猎人追出密林，却不见了小鹿，感到很奇怪：附近是开阔地，小鹿能跑到哪里去呢？他抬头一看，见前面有一所寺院。

这猎人平常很讨厌出家人,避之不及。今天本应该回避,但为了到手的猎物,便耐着性子,问站在自己面前的一个和尚:

"喂,这位师父,你看到过一只鹿从这里跑过去没有?"

道一见这猎户长得高大魁伟,却手执利箭,枉杀生灵,心中不禁一阵悲哀:如此仪表堂堂的一条汉子,却被罪恶的欲望所支配,迷失本性,眼含杀机,充满血腥味,真是太可惜了! 于是道一明知故问:

"你是什么人?"

猎户见这位和尚好生奇怪,根据我的装束行头,还看不出我是何人,真是莫名其妙。于是,他瓮声瓮气地回答:

"打猎的!"

"那你该懂得射箭啰?"

猎人的自尊心受到了伤害,他心中暗忖:这老汉怎能这样问话。天底下哪个猎人不懂得射箭? 于是不屑一顾地回答:

"废话,那还用说!"

"既然你会射箭,那么我问你,你一箭能射几只鹿?"

猎人以为道一是在探问他的箭术是否高明,洋洋自得,胸脯一拍,颇为自负地说:

"一箭射一个,百发百中。刚才我就射中了一只小鹿,只可惜我用的力气略少一些,让它跑掉了。不过,它已经被我射伤,肯定跑不远。"

道一听了,不露声色地说:

"我看这位壮士并不懂得射箭。"

猎人被道一这话一激,浑身不自在,便反唇相讥道:

"和尚说我不懂射箭,难道你懂得箭术不成?"

"我自然懂得!"

"那么请问你一箭能射几只?"

他暗自得意:我看你如何答复? 他的脸上露出狰狞的笑,像平时拉开弓箭等待猎物出现一样,耐心等待着道一的回答。

"我一箭能射一群!"

猎人听了,心生不忍,嗔怪地说:

"出家人讲慈悲,彼此都是生命,何必要射一群?"

道一眼睛一亮:这个人内在的生命终于被唤醒了! 便以迅雷不及掩耳之势喝道:

"你既然知道动物也是生命,为什么还要残忍地射杀它们,穷追不舍,以斩尽杀绝而后快。为什么不回转箭锋射自己呢?"

"射自己?"

"是的,射自己! 你被欲望和无明烦恼困扰了这么久,澄明的心积满尘垢,肮脏不堪,贪残嗜血,人性消失了,剩下的只是兽性。你要做的,就是射死自己的无明、烦恼,射死自己心中的兽性,从而使自己成为一个顶天立地、问心无愧的男子汉!"

猎人听了这话,如同五雷轰顶,顿时心地透明,当下便丢弓折箭,拔出佩刀将头发削去,跪在道一禅师的面前,表示愿意受戒出家,皈依佛法。

道一见他弃邪归正,脸上露出了满意的微笑,双手扶起了他,给他取了一个法名叫慧藏,让他到寺里厨房中帮忙。

有一次,慧藏正在厨房里做事,道一正好路过,便问道:

"你在做什么?"

"我在牧牛。"

佛家常以"牧牛"比喻调心之法。《佛遗教经》中便说:"譬如牧牛之人,执杖视之,不令纵逸,犯人苗稼。"慧藏回答说他在牧牛,意思是说在调养心性。在厨房里做事的同时还能调养心性,或者说,在厨房里做事的本身就是调养心性,这倒是个难能可贵的境界。道一心生欢喜,没想到慧藏刚放下弓箭、进入佛门就有这般见地,便进一步问道:

"不知你怎么放这头牛?"

慧藏不慌不忙地回答:

"只要它进入草中,就拽住鼻绳,把它拉回来!"

慧藏答语中的"草"象征见取,"入草"就是认同外境,追逐外物。而"牧牛"则要保持心态的调和,刻意防范。一旦牛要犯人苗稼,执着于草,就要立刻拽紧鼻绳把它拉回来。心如果追逐外境,也要把它拉回来。牛被训练调御得久了,便会驯服,一旦驯服了,鼻绳便也成了多余之物。心性修炼得圆熟安定了,纵使见了可以引起欲望的东西,也不会生起任何欲望,这时,一切的约束也都成了多余之物了!

道一会心一笑,点头赞许道:"你真会放牛!"

龚公山上振法鼓

道随悟深

云随风走,月逐风移。

大历三年(公元 768 年)道一来到虔州南康郡。虔州位于江西南部,群山耸立,如涌翠浪;溪水清冽,如流玉虹。崆峒山雄峙于前,三阳山枕藉其后,章贡二水缭绕于左右,郁孤台屹立其中。虔州州治在赣县。贡水西南自南康县来,章水东南自雩都县来,二水至州城北合而为一,称为赣水,这座县城也因此而叫作赣县。

道一初入赣邑,驻锡于市郊水东乡佛日峰山麓。不久,便移到了城北的龚公山。

龚公山坐落在赣县田村乡境,距州治有一百余里,原为隐士龚某栖居之地,所以当地的人把它称作龚公山。这里奇峰翠巘,前后连绵,萝木泉池,左右映带,风景秀丽,红尘不到,确实是栖隐修持的好地方。

道一来到龚公山,随行有道通、智藏、慧藏等弟子。驻锡龚公山之后,先后收了许多新弟子,如怀海、普愿、邓隐峰、庞居士等。

道一来到虔州，主要是因为刺史裴谞的盛情邀请。

裴谞字士明，河南洛阳人，是礼部尚书裴宽的儿子。少年即举明经，补河南府参军，历官京兆仓曹。安史之乱中，史思明再陷洛阳，他利用史曾为其父部将、感激其父的条件，保全了宗室数百人，又暗中将叛贼军情谍报给朝廷。所以平乱后除太子中允，迁考功郎中。代宗初，任河东道租庸盐铁等使。大历二年，因为宰相元载的嫉恨，出任虔州刺史。

裴谞家族中有奉佛的传统，其父裴宽为官时，李林甫专权，任用罗希奭、吉温两酷吏滥杀无辜，铲除异己，大兴冤狱，人称"罗钳吉网"。裴宽屡次乞求出家当和尚，虽然没有被批准，但裴宽经常与僧门交游，习诵佛典，年纪大了信念更加诚笃。

道一来虔州后，经常与裴谞谈禅论道，裴谞也常向他求法，提些有关"如何是佛""如何是祖师西来意""如何修持"等问题来请益。道一见他不摆刺史的架子，每次都是徒步登山，轻装简从，屈尊求教，躬勤咨询，认为他根性纯正，所以不时点拨他一番。

有一次，他们畅谈了大半天，竟然忘记了时间，要不是侍者提醒，两人连放在旁边的斋饭也忘记了用。等到道一推门出来送客时，晚霞已渐渐隐去，圆月爬上东山，徘徊于斗牛之间，一点澄明，映照万川。道一触境生慧，感慨地说：

"施主，你看这皎皎一轮，空里流霜，滟滟随波，显示着微妙的禅境。可惜世人不知，只会在经书中求佛，在坐禅中求佛，正如在水中求月、镜中求花一样。水中有月影,但不是月亮的本身;镜中有花形,但不是花的本身;书中有佛言,但语言同样不是佛陀的本身。其实佛距离我们并不遥远,佛就存在于我们的心里,佛就在当下。开悟了众生都可以成佛,迷失了自性佛就成了众生。"

道一说法,总是根据现实情景,活泼无碍,而又明晰深刻。裴谞听后,根尘脱落,感激地说:

"多谢师父开示,在下此刻心与境寂,道随悟深。只是与师父相见恨晚,又有俗务缠身,不能随侍左右,常沾法雨,实在遗憾!"

"施主这话就差了。既然发现了自家宝藏、本地风光,就不必羡慕他人,更不必乞求从别人那里借贷什么,因为你本身就已经圆满具足了。"

裴谞心中一下子亮了起来,无明黑暗一下子消失得无影无踪,身心如水月般澄明。于是,他扭过身,挺起胸,大步自在地走了。

即心是佛

这天,道一在庭院中散步时,忽然看见佛堂中仍然有袅袅香烟飘出。他想:今天这么晚了,香客都已离开,弟子们也都去静修了,怎么还有人在礼拜呢?

龚公山宝华寺

　　他走到门口，见有一人正在佛前顶礼，不停地祈祷，从背影上看，那人身材伟岸高大，足足有六尺多，声音洪亮如钟。

　　道一想起来了，这是新来的一位弟子，据他当时介绍，他俗姓杜，法名无业，是商州上洛（今陕西商县）人。据说他母亲有一天听到空中有声音说："可以寄居吗？"不久便怀了他。无业出生时，异光满室。幼时的无业就不喜欢玩耍，走起路来双眼一定平直地看着前方，坐着的时候一定结跏趺坐。家里人觉得奇怪，就向僧人请教。僧人听说了这件事，都惊叹不已，认为这孩子是无上法器,劝说家人让他出家,家人不忍割爱。九岁时,小无业自己向父母请求出家,父母见他心志坚定,只好答应他的请求。于是无业就跟着本郡开元寺志本禅师修行,志本为他讲解《金刚》《法华》《维摩》《思益》《华严》等经,他只要诵读一遍,就能倒背如流;凡参加法会,只要听一遍就能全部理解。同学中谁有疑难,他也能随时剖析,透彻地讲解。二十岁时无业在襄州幽律师处受具足戒,学习佛教经论中最繁难的《四分律疏》,一遍下来,竟能敷陈讲演,并且还为僧众讲解《涅槃经》,口齿清晰,辨析细微。他听说江西马大师门庭鼎盛,特地前来瞻礼。

道一有心开示他,便走上前去,轻轻叹息一声,摇着头说道:

"真可惜,真可惜!枉自仪表堂堂,里面却没有佛!"

无业回头见是道一,急忙恭敬礼拜:

"我心中正在疑惑不解,请师父慈悲指示!我精研三乘的学问,各种法门也大体上能说个一二,就是不懂禅门中所说的'即心是佛'。既然这个心就是佛,那么师父说我的身体里面没有佛,又是什么意思呢?"

道一见他生起了疑问,就耐心地开导他说:

"你不懂得这个心就是佛,再也没有什么别的东西是佛了。你不懂得这个道理就是迷;如果懂得了这个道理,就是悟。你的心念迷失了,就成了众生;你的心念纯明了,就成了佛。大道本来不离开众生,除此以外哪里还有什么佛? 这就犹如手掌握起便成了拳头,拳头展开就成了手掌一样。"

无业的佛学修养深厚,经道一这样一讲,他对"即心即佛"这四个字便有了更深层次的理解。

——佛教宗派林立,但有三个问题相互联系,为这些宗派所共同关注。第一是佛性问题,即人的自性究竟是什么;第二是成佛途径即修持方式;第三是佛陀境界即真正获得解脱的境界是什么。

——而"即心即佛"这四个字则涉及并贯穿于这三个方面!

——首先,"即心即佛"指示人的心灵本来就是清净无垢的,人的自性本来就与佛性无二,这与六祖惠能禅师所说的"本性是佛,离性无别佛""佛向性中作,莫向身外求"一脉相通。

——其二,当人领悟到自心是佛而回归自己的本性,就能于刹那间妄念俱灭,生出真正般若智慧,以顿悟的方式,步入超越与解脱的境界。

——其三,人一旦觉悟,心中就变得一片澄澈空明,于无思无虑中体悟宇宙生命的律动,这便是六祖惠能所描绘的"内外明彻,不异西方"的佛陀境界,佛境即心境,心境也就是佛境。

——"即心即佛"的命题,虽仅四个字,但却简约而直接地表达了曹溪顿悟禅法在佛性论、修证方式和终极境界三方面的

① 这一段对"即心即佛"的解释,参见葛兆光《中国禅思想史》第五章第二节的论述,北京大学出版社 1995 年版。

② 徐凝:《庐山瀑布》。

独特思想。① 它与要求一味持戒、念经、诵律、修心而渐入佛境的传统教派不同,与前期禅门及北宗神秀一系也划开了界限。真可谓"今古长如白练飞,一条界破青山色"。② 南北派可缘此而区别,自己的今昔也可缘此而划开!

无业感到自己过去虽然勤修苦证,熟识经论,但都是在虚处用功。这个发现使他大为震惊,几乎不敢相信!否定过去是痛苦的,但只要身心超越,即可获得奇妙的觉悟,直达彼岸涅槃境界。如此,过去的一切便也不成为痛苦,反而成为令人愉悦的回忆了。

无业听了道一的一番话,恍如醍醐灌顶,豁然开悟,他涕泪纵横地对道一说:

"我原本以为修证佛果道路迢迢,需要长期不懈地勤苦修行。今天才恍然大悟,明白了法身实相,本来俱足,一切万法,皆从心生,但有名字,没有实者!"

道一见无业果然颖悟非凡,满心欢喜,便又苦口婆心地说:

"是这样,是这样的。一切法性,不生不灭;一切诸法,本来空寂。经书不是说过'诸法从本来,常自寂灭相'。还说:'毕竟空寂舍。'又说:

'诸法空为座。'这些都说明诸佛如来就在无所住处。如果体悟到这一点，即便是住空寂之室，坐空无法座，随意举手投足，都没有离开道场。如果真正于言下顿悟玄旨，那么就是足不出户，也照样能登上至高无上的涅槃妙境了。"

无业获得道一心印后，就南下韶州曹溪参拜惠能祖师塔，然后杖锡庐山、天台山、清凉山、洛阳、长安，屐痕点点，到处都留下了他的踪迹。后来无业住汾州开元寺，长达二十年。汾州的僧俗信徒，随风仰慕，无业将道一的禅法传扬到了山右地区。唐宪宗曾屡次征召无业进京，无业都借口有病推辞掉了。穆宗皇帝即位后，非常虔诚，想瞻礼无业，派人专程前往开元寺，恳请进京。无业笑着对使臣说："贫僧何德何能，竟敢屡次烦劳圣主？我是要行走的，只是路途不同。"晚上，跏趺而坐，奄然圆寂。皇帝闻讯，哀痛不已，敕谥"大达国师"。

非心非佛

道一的说法会再一次取得成功，僧众情绪热烈，都在议论着道一刚才对"即心是佛"的精彩开示。道一轻啜香茗，满意地微笑着，准备宣布结束今天的法会。

忽然，有一位僧人从后面挤到前排，对道一施礼，道一点头示意，那僧人便问道：

"请问师父，你为什么说此心即是佛呢？"

道一原来以为他对前面讲过的具体内容有疑问,没有想到他对"即心是佛"这一命题本身进行质疑。他微微一怔:是啊,我为什么要说"即心是佛"呢?如果僧众都跟着我盲目地喊"即心是佛",不也是一种自我迷失吗,不又会形成新的窠臼和教条吗?如果大家都信奉此教条,便又是一种执着,走到了佛的反面。当年佛陀释迦牟尼在多子塔前对摩诃迦叶付法完毕,又特地说了一偈:"法本法无法,无法法亦法。今付无法时,法法何曾法?"好险呀!我老汉刚才要是不留心,就要在他的面前摔跟头,看来说法度人之事,真不敢有丝毫大意。

　　想到这里,道一巧妙地回答说:

　　"这就等于是要一个哭着的小孩不哭罢了。"

　　《大般涅槃经》卷二十中说,如果小儿啼哭不停的时候,父母就拿一片杨树黄叶对小儿说:"不要哭,不要哭,我给你黄金。"小儿见了黄叶,以为真的是黄金,就停止不哭了。然而黄叶不是真金。可见用黄叶止啼只不过是权宜之计,仅仅是为了防止人们向外驰求罢了。道一借用这一典故,非常得体地回答了这个问题。

　　但那僧人仍然不依不饶,继续追问:

　　"那么止住了啼哭之后,又该怎样?"

　　好一个伶俐的学僧!问得好,问得好!其实,禅的精神并不在于知性的学习和理解,而在于生命的证悟和体验,如果过于执着于心、佛的关系,也会落入窠臼,误入歧途。因此,必须让学人们从"即心是佛"的圈子中跳出来!

于是,道一从容地回答道:

"非心非佛。"

听讲的所有僧徒都大吃一惊,他们感到道一所讲与平日大不相同,所以都密切关注着下文。

那僧人又接着问:

"如果不是这两种人,大师您又如何指示呢?"

道一瞅准了机会,以守为攻:

"那我就会对他们说,不要被黏滞束缚在具体的物上。"

僧人干脆打破砂锅问到底:

"如果忽然遇到的恰好是您说的那一类人,又该怎么办呢?"

道一不温不火,不烦不躁,苦口婆心地回答:

"那么,我就会让他直接体会大道的滋味。"

钝根阿师

奔赴龚公山的僧俗信徒大多数是为了求法而来,但也有少数人是来勘验虚实,想看看外面的传闻究竟是否属实,还有的人则是为了与道一比试,进行舌战辩论。

其中就有一位擅长讲说佛教经论的法师,认为佛法全部都在经论里面了,对有关道一的传闻很不以为然。这天,他来到龚公山上,参见道一,神气十足地问道:

"请大和尚慈悲,给在下开示:佛法传承,向来以经论为主,现在禅宗风靡南北,既然不立文字,不知该怎么个传持佛法?"

道一见来者不善,便笑着反问道:

"请问法师你怎么传诵佛法?"

"呵,这个嘛,我才疏学浅,只不过宣讲经论二十多年,听众上千,不足挂齿,不足挂齿。"

法师表面谦虚,骨子里却傲慢异常。道一一听,就知道他是犯了卑下慢——故作谦卑,实际上却露出了自大的尾巴。道一微微一笑,夸赞道:

"真了不起,真了不起!如果这样,堪称无畏狮子儿了。"

佛教尊称释迦牟尼为无畏狮子,道一说"狮子儿"就是喻指释迦牟尼佛的儿孙,这个称号只有道行精深的比丘才承受得起。那法师自忖尚没有达到此境界,不免脸红耳热,心生惭愧,赶忙说:

"不敢当,不敢当!"

孰料道一没有再搭话,寂然不动,片刻之后,噘起了嘴:

"嘘——嘘——!"

那法师一怔,猝不及防,转念一想,才猜出道一的用意:

"这就是佛法啊。"

"这是什么法?"道一紧接着追问。

那法师摸了摸头顶:

"这不就是狮子出窟法吗?"狮子出窟,任何动作有眼便见,能听便知。

道一微微颔首,整顿衣裳,然后垂眼,息肩,冥心虚寂,遗落尘表,默默无语。

那法师盯着道一,心想:听人说这老汉喜欢故弄玄虚,不知又要如何惑乱人。他端详了半天,忽然感到道一的静默中似乎隐隐挟裹着隆隆雷霆,安详中又洋溢着溶溶佛法,不禁大加赞叹:

"这也是佛法!"

"又是什么法?"道一仍然意念空寂,如一尊枯木。

"这像是狮子入窟法。"法师对自己的发现颇为得意。狮子入窟,虽然无形无相,却真实存在。

道一呵呵笑了起来:

"说得好。那么请问法师,不出不入,又是什么法呢?"

"这……"

法师瞠目结舌,半天不知该如何回答,脸色由红转紫,支支吾吾地告辞出门。

那法师一只脚刚迈出门,忽听背后传来一声大喝:

"法师!"

法师一怔,急忙回过头来,但见道一脸上春意融融,笑盈盈地问道:

"是什么?"

法师不知所措,一片茫然,懊丧地垂着头离开了。

道一望着那法师越来越渺小的身影,摇了摇头,微微叹了一口气,对着旁边侍立的几个弟子说:

"这真是一个钝根阿师!只知照本宣科读经论,不懂得领悟佛法,更不知我们禅宗传持佛法,不依傍经论,不倚赖口耳,不偏出专入,不刻意造作。只要真心领悟,切实修行,任你穿衣吃饭,坐卧行走,都是在传持佛法了!"

扬眉瞬目

"师父,门前有一位游方僧等候很久了,他说是从衡岳石头和尚处来的,你看是见还是不见?"

"见,当然要见了!"

道一对石头和尚并不陌生。石头和尚法名希迁,俗姓陈,端州高要(今属广东)人,出生于武则天久视元年(公元 700年)。据说他母亲怀孕时,就不喜欢吃荤的东西。石头生性仁慈,从小就厌恶杀生。乡里百姓迷信,祭祀鬼神,杀牛酾酒,习以为常。希迁不忍心看到生灵被无辜宰杀,便砸祠抢牛,每年如此。后来奔赴曹溪,来到惠能门下,削发出家。

惠能临寂灭之前,希迁曾询问他:"师父去世后,我该向谁学习禅法?"惠能温和慈祥地说:"寻思去。"

惠能圆寂后,希迁静默独处,坐在屋里寻思禅的真谛,衣带渐宽人憔悴,心在寻思终不悔。

有一位老和尚见他十多年如一日静坐寻思,便点拨他说:"你有一位师兄叫行思,惠能大师让你'寻思',就是要你去吉州青原山静居寺寻找行思,向他学习禅法。"

希迁听了,这才明白了惠能的旨意,于是千里迢迢奔赴青原山。

行思见到他时,问他:"你从哪里来?"希迁回答说:"我从曹溪来。"行思再问:"你到这里,带来了什么没有?"希迁说:"即使没有到曹溪,也不曾缺失什么。我带来了参礼惠能大师以前本来就具备的东西。"

行思见这小和尚十分了得,便又将他一军:"你既然本来就具备,那还去曹溪做什么?"

希迁灵机闪动:"假如我不去曹溪,又如何能知道我本来具足,不曾缺失呢?"

说毕,他又反问行思:"曹溪惠能大师,可认识你?"行思也反问:"那么你如今认识我吗?"希迁以守为攻:"认识,可又怎么能够认识呢?"

这样往返了几个回合后,行思见希迁果然机辩异常,便称赞道:"众角虽多,一麟足矣。"后来行思又推荐希迁去南岳怀让禅师处,参学佛法。

怀让与行思都是惠能印可的入室弟子,对于同门师兄推荐来的高足,怀让自然精心栽培。经过反复锻炼,希迁的禅法已炉火纯青,后来便在衡岳南寺的东边结庵创寺,因为那个地方有块石头形状如台,所以人们称他为石头和尚。

论起师承关系,石头与道一都禀承过怀让的教诲,也算得上是同门师兄弟。

道一活动了一下筋骨,呷了一口刚沏好的茶,整理了一下思绪:最近从石头那里前来找我的人不少;也有从我这里去找石头的。外面称江西、湖南为二甘露门,又称行走于江西、湖南两地沿路参访为"走江湖",这些行者也被称为"江湖人"、"江湖僧"、"江湖众"。佛无定相,学无常师,游方各地未尝不是一件好事。就是我们这些住持,也可以通过往来学徒之口,彼此传递信息,增进理解,切磋禅法。只是不知这次石头又要耍什么把戏。于是道一示意侍者,让来人进来。

来人合十稽首,恭敬礼拜:

"参见马大师,今天得以瞻仰大师法相,垂听教诲,贫僧倍感荣幸。"

"你是从哪里来的,到这里有什么事?"

"我是从衡岳石头和尚那里来的,向马大师请教禅法。"

"石头和尚禅法活络,难道还不能使你开悟吗?"

"石头和尚说我与马大师有师生因缘,于是命我前来。"

这句话引起了道一的兴趣,他笑着问道:

"此话怎讲?"

"我去参拜石头和尚,并对他说:我对三乘十二分教潜心研究,已略知玄要;佛法义蕴,也可以应口诵论。但是,对于南方的'直指人心,见性成佛'的禅宗心要,始终不能契入,请师父指点我。"

"他怎么回答呢?"

"石头和尚回答说:'肯定它不对,否定它也不对,不肯定不否定也不对,这时候你该怎么办?'听了这话,更让人莫名其妙。唉,我是因为不懂才来请教石头,石头怎么反而问我更玄妙的难题呢?想我深研经论多年,修为已臻上乘,如同跋山涉水,已攀登到巅峰,只待最后一跃便得解脱,石头不为我指明方向指点诀窍便罢了,怎么反而忽喇喇把我四面一封,令我陷进无光无声的黑暗里?就在我大惑不解的时候,石头和尚对我说:'你的因缘不在这里,还是到江西马大师那里去吧!'所以我赶到这里,请师父慈悲开示。"

说话的僧人叫惟俨,俗姓韩,绛州(今山西新绛县)人,年十七依西山慧照禅师出家,后来在衡岳希澡律师处禀受具足戒,博通经论,严持戒律。有一天,他忽然自叹道:"大丈夫应当脱离戒法,自我清净,怎么能够琐碎地把功夫花在衣衫布巾之类的小事上呢?"于是就前往石头希迁的庵所参拜,这才有了上述的一幕。

道一听了他的讲述,不假思索地回答:

"我有时教他扬眉瞬目,有时不教他扬眉瞬目,有时扬眉瞬目的是它,有时扬眉瞬目的又不是它。大德,你究竟要怎样去了解它?"

惟俨在无垠的黑暗中,忽然发现出不出去都没有意义了——

外界都是虚幻，肉身也属无常，一切三乘十二分教不在口舌，不在语诵，而在止歇一切攀缘，令一切贪瞋、索取、垢净之情脱尽，不被欲望情绪操纵，不被见闻知觉缚束，心灵真纯自在，就是佛。

惟俨顿时眼前霞光万道，感叹万分地向马大师行礼。

道一含笑问他："你究竟悟出了什么道理，便忙着礼拜致谢？"

"我在石头和尚座下，真好像蚊子叮铁牛！"

道一和善地说：

"你既知如此，就应该好好地护持。"

惟俨点头称是，然后退了出来，回味着自己向石头和尚和马大师请益的经过，充满了喜悦。是啊，石头的回答抽离事象，肯定也不是，否定也不是，肯定否定都不是，意思是非有也非无。所以我听了这话，如同蚊子叮咬铁牛，锥不进去，无法下口。而马大师的回答，终于使我认识到，不管扬目眨眼，还是不扬目眨眼，不管是它，还是不是它，都是自性的作用。在日常生活里，由于自性经常受到干扰尘染，所以很难显示。然而只要一旦跳出干扰，抹掉尘垢，就能超然物外，识心见性了！

想到这里，惟俨脸上露出了会心的微笑。

束取肚皮

道一以讲说大乘佛法闻名，直指人心。自从经道一的点化开悟后,惟俨与道一心心相印。每次上堂说法,众人无法理解的地方,惟俨都能理解透彻,但又从来不表露自己,像是一个愚钝的人。就这样,他在道一门下参学了将近二十年。[①]

①《景德传灯录》《五灯会元》等均说"侍奉三年",《全唐文》卷五三六载唐伸《澧州药山故惟俨大师碑铭》则说"居寂之室垂二十年",这里从后说。

有一天,道一询问他:

"惟俨,你近来参禅悟道,有什么体会?"

惟俨略加思考,然后回答:

"禀告大师,我现在的体会是:皮肤脱落尽,唯有一真实。"将肉体的欲望层层剥落之后,只剩下这个赤裸裸圆陀陀净洒洒的悟心了。通过对禅宗大法的领悟,应当脱尽虚幻不实的、客观外在的皮相,去除这种不真实的认识,而只有认识自己的本来面目即本体心性,才是真实的。这是参禅者必须走过的一段艰难的路程。一旦走过了这段路程,也就体证到一种澄明的悟境了。

道一心想:惟俨真是敏俊超群,根器非凡,如果能够好好护持这种悟的心态,一定能够成长为一代宗师。弘扬曹溪禅法,正需要这样大机大用的伟才。他语重心长地对惟俨说:

"你之所以有这样的体会,是因为你的心体协同配合,而又分布于四肢。既然如此,你可用三条篾把肚皮束起,随便到什么地方都可以住山了。"

之所以能够"皮肤脱落尽,唯有一真实",是因为心体协同配合的结果。所以应当用三条篾将肚皮捆起,善自珍惜保持,不要让已经获得的禅理轻易失掉。

惟俨听了道一的话诚惶诚恐,急忙回禀道:

"大师不要嘲笑我了,像我这样的人,怎么敢有住山的想法?"

道一见惟俨这样谦虚恭谨,确属难得,就进一步鼓励他说:

"有什么不可以的呢? 要知道没有只是修行而不住山的,也没有只是住山而不修行的。参禅的人,对于禅的修行和住山弘扬禅法,是互为因果、相辅相成的,否则学禅修禅还有什么用呢? 一个人的进步正是在当他感到无所进步时,新的进步才会来临。一个人是否有作为,也是在当他真正认识到无所作为时,便无为无不为,即有所作为。你应该成为茫茫苦海的航船,普度苦深难重的芸芸众生,而不必在这里一直待下去。"

惟俨见道一讲得如此恳切,便辞别了大师,云游天下。他曾攀登罗浮山,游览清凉山,穿越三峡,游历九江,遍历天下名山大川,参谒各方丛林,禅法更加精进。贞元初,在沣州药山开山说法。有一次,刺史李翱来参拜,问他什么是道,惟俨回答说:"云在青天水在瓶。"李翱于言下顿时觉悟,对他更加敬慕不已。四方僧俗慕名而来,不可胜数。在信众的支持下,此地增建了禅院,禅室一栋又一栋,鳞次栉比,佛法大盛,更足以证明马祖大师的先见之明。[1]

衣法双传

智藏离开龚公山已经好几个月了。虽然他年龄不大，却持重老成，办事可靠，并且还能根据不同场合，巧妙地通权达变，所以道一有关往来通讯联系之类的事，大多都托付给他。他也从来没有任何闪失，深得道一的信任。

几个月的往来奔波，风尘仆仆，回到龚公山，他向道一交待了办事经过，回到自己的寮房，打算痛痛快快地洗沐一下，然后将露茬的须发剃去，稍事休息之后，就应该静修坐禅了，读过的经书还要温习，未读的经书还要补读。

想到读经，智藏不禁露出了一丝微笑。过去他认为经书大同小异，并把这个看法对道一说了，被道一狠狠斥责了一番。一喝之下，他蓦地理解了师父用心的良苦，师父这是垂示他：想成大器必须广纳百川，吞吐江海，遍读经书，就仿佛是与佛陀和历代古尊宿交流对话，能直接获得佛陀的点拨与开示。当然，获得古尊宿的开示固然好，获得师父的亲自开示则更好。而自己却经

①《景德传灯录》《五灯会元》等均记惟俨辞别马祖后又返回石头处，这里从唐伸《澧州药山故惟俨大师碑铭》。

常出使各地,这在师父来说是器重他,可以增长见闻,接近更多的大善知识;在自己来说则失去了每日随侍请益、静修读书的机会,这又是一个不可弥补的损失了!每想到这里,他就怅然若失。是啊,成形的、静止的经书将来还有机会阅读,但师父这部活的经书,他那如电石闪光般的智慧火花,一旦迸发而出,以后就不会重复出现,只有随侍在师父左右的人,才能全面系统地理解师父智慧宝库的丰富博大。唉,再过几年,如有人能替代自己的角色,我愿意每日侍奉师父,不离左右……

智藏正在遐想,忽听有人敲门。来人推门进来,原来是侍奉师父的小沙弥,智藏刚刚在方丈室见过他。这个小沙弥告诉智藏,说师父要他今晚三更去方丈室。

智藏心中奇怪,问小沙弥:

"小师弟,师父没有告诉你找我有什么事?"

小沙弥摇了摇头。

"师父也真怪,要是有急事,就即刻召见,我会立即出发的;要没有急事,干脆明天再说,为什么偏偏要在夜半时分找我呢?喂,小师弟,究竟是啥事,你真的不知道?"

小沙弥故作神秘,板着脸说:

"智藏师兄,我无可奉告。"

小沙弥走后,智藏又猜了半天,仍然不知道师父到底为了什么事召见他。他自言自语地说:"看来,我想效仿古人在月夜静修、偷光读经的计划,又泡汤了,真是可惜。"

这天晚上，月光如水。三更时分，智藏如约来到方丈室。他毕竟年轻，几个月的劳顿，经过短暂的沐浴休整后，便缓了过来，精力饱满，意气昂扬。

道一见智藏走来，用关注的目光看着他。光阴似箭，转眼间七八年过去了，初来西里山时的廖姓少年，瘦弱腼腆，现在已长得魁梧高大，走南闯北，谈笑自若。他成熟了，应该独立住山了。

智藏见师父出神地盯着自己，觉得很不自在。师父老半天没有开口，智藏有点窘迫。他干脆问起了师父：

"师父深夜将徒儿召来，不知又有什么急事需要吩咐？"

道一的思绪被智藏的问话打断了，刚才微笑的面容一下子变得严肃起来：

"是有一件急事要托付给你，但这次与任何一次都不一样。"

智藏的眼睛睁得老大：

"与任何一次都不一样？"

"是的。"道一坚定地说，"这次我不是要你奔走，而是要你安安定定地住下来。"

"安安定定地住下来？那太好了，我早就盼着这天了！"

道一听了智藏的答话，暗暗吃了一惊，心想：难道他早已知道我的想法了？ 只听得智藏坦诚而又天真地说：

"我早就盼望能随侍师父，须臾不离，能够早晚向师父请益求教。"

道一半是爱怜、半是责备地说：

"离不开母亲哺乳的孩子，永远长不大。你身材如此高大，竟然还说出这种乳臭未干的话，真不害臊！"

智藏被师父说了一顿，倒真有些害臊起来了，不再言语，只是静听师父的话语：

"你已得我印证，本来早就该离我而去，自立门户。只是我身边一直没有一个合适的人任我差遣，外出与诸山师友交流酬对，所以一直由你代劳，为师心中甚感不安。最近，江西观察使兼洪州刺史路嗣恭大帅，邀我北上洪府。路大帅反复致意，对我南宗禅法心仪神往，我不能让他失望。所以，我可能要离开一段时间，也许再也不会回到这里。我离开之后，就由你代理住持。如果我不能回来，就请你在此住山，升堂说法。"

智藏听到这里，又是感动，又是惶恐不安，急着插话谢绝。但道一摇摇手，示意他不要插嘴：

"今晚我召你来，就是要向你传授袈裟，以表示此事的重大。希望你能肩负起这副重担，勇猛精进，将我南宗禅法发扬光大，以慰我心！"

说毕，道一将袈裟双手递给智藏。

智藏"扑通"跪倒在地，急忙谢绝道：

"师父偏爱小徒，智藏感激不尽。但智藏求法只是为了自救，不敢侈言救人。何况智藏无德无能，怎能担此重任？勉强接受的话,不独自己吃力,徒惹烦恼,还会使弘法大业遭受损失。师父门下人才济济,如果想传授衣钵,自可在师兄弟之中另择高明。智藏只求能随侍师父,别无所图!"

道一见智藏迟迟不肯接袈裟,颇为感慨:一般的人,如果遇到这种殊胜的机缘,莫不喜出望外;更有一些佛门败类,将世俗社会中的阴谋诡计带进丛林,为争夺袈裟算尽机关,污染了丛林净土。相形之下,爱徒智藏却心坚不动,定如磐石,真是难能可贵,老衲并没有看走眼,对这样的人,更应当委以重任! 于是他严肃地说:

"智藏,你谦逊持重是件好事,没有轻薄之徒的浮躁,也是成就大器应具备的品德。但自度是小乘,度人才是大乘。如果你在大是大非上迟疑,就不足取了。连世俗之人都能以当仁不让、舍我其谁的态度对待天降大任,我佛门子弟就更不必拘于琐屑之事了。希望你能领会师父的良苦用心,勇敢地接受这个重任。这既是一种荣誉,又是一种奉献和牺牲。只有精于计较利害得失的人,才会迟疑不决。来吧,智藏! 快接过袈裟!"

既然师父如此说,智藏还有什么退路? 他再次表示:

"那我就暂时代为保管袈裟,但绝不敢侈言住山说法。当然,等将来修炼精进、圆熟后,我一定会不负师父厚望,开堂说法,传承大师心法!"

道一见智藏说得如此恳切,也不好再强求,就先将袈裟交付给智藏,其他事待以后再说吧。

智藏虔诚地接过神圣的袈裟,顿时感到肩上的担子沉甸甸的。

远处,雄鸡唱晓,东方露出了绯红的曙色。

道望隆盛开元寺

请居洪府

大历六年(公元 771 年)七月,朝廷委派路嗣恭为江南西道都团练观察使兼洪州刺史。江南西道简称江西,治所在洪州(今江西南昌市)。江西观察使下辖洪州、饶州、虔州、吉州、江州、袁州、信州、抚州等八州,管三十八个县。洪州又称豫章郡,自古以来物华天宝,人杰地灵,为东南名都,人文渊薮。

路嗣恭到任不久,便派人延请道一来洪州弘法。道一接到邀请书,但见龙蛇飞走,满纸烟云,辞雅意惬,为路帅亲笔手书。

道一看毕,沉吟片刻,便答应了邀请,并让信使给路嗣恭带去一封复信。

道一答应路嗣恭的邀请,自有其缘由,其中最主要的,就是因为路嗣恭对佛法的信仰与热忱。

路嗣恭字懿范,是京兆三原(今属陕西)人。原名剑客,据说唐玄宗见他任神乌、姑臧县令时考绩为天下最,认为他可嗣汉代的鲁恭,因此赐名"嗣恭"。路嗣恭后来担任郭子仪朔方节度留后,有大将孙守亮拥兵自重,骄慢不受节制。嗣恭谎称有病，守亮前来探视，路嗣恭命令将他杀掉，从此威信大行。路嗣恭善理财赋，不畏权豪。有个名叫贾明观的人，本来侍奉宦官鱼朝恩，鱼朝恩倒台后，他又贿赂宰相元载，元载给他在江西找了一个肥缺。这人臭名昭著，所到之处，百姓无不向他掷投瓦石，但前江西观察使魏少游迫于元载的压力，经常曲意庇护他。路嗣恭代魏少游镇洪府时，到任的当天，就将贾明观杖杀，洪州吏民听说了这件事，无不拍手称快。

路嗣恭从郡县小吏成长为方镇大员，治事恭恪，理财精明，而又好慕佛法，栖心禅理，所以当他听说道一是惠能大师的第二代法乳，禅法高深，机锋峻烈，便心生仰慕，派人延请道一来洪州弘法。道一听说过路嗣恭的政绩以及他对佛教的热忱，就答应了他的要求。

道一师徒一行将近百人从虔州赶赴洪州。路嗣恭事先得知消息，便率领州县长官和文职幕僚柳浑、王纬、李泌、徐申等在郊外迎接，僧俗信众数百人亦随后赶来。观察使出行郊外，又有吏民数百人追随，一路上围观者不绝，议论纷纷，莫不称奇。

道一师徒来到城郊后，主客相见，互致问候。路嗣恭合十稽首，请道一乘坐华丽的官轿入城，道一推辞说：

"老衲平生不骑马乘轿，不穿锦绣衣服，请路帅见谅。"

路嗣恭见道一谢绝乘轿入城，就陪同道一一起徒步入城。其他僚属见主人尚且如此，也只好下马弃轿，尾随而行。

路嗣恭将道一师徒请到开元寺住下。众僧见宝塔巍巍,殿阁高耸,菩提树遮天蔽日,庭院宽敞幽静,心中非常欢喜。

路嗣恭一边走,一边向道一师徒指点介绍说:

"这座寺院始建于南朝梁代,传说当时豫章有蛟龙作祟,年年洪水泛滥成灾,生灵涂炭。豫章王尚综捐铸了一尊大佛像,来镇慑蛟龙,太清元年(公元 547 年)葛鲟捐宅为寺,以便供奉此佛,所以寺名'大佛寺'。到我大唐开元年间,才改名为'开元寺'。由于住持管理不善,寺院佛殿有些坍塌,庭院也有些狭小。最近,为了迎接马大师的到来,我已派人全部修缮一遍,现在的僧房能住几百名僧众,大殿和广场能容纳近千人做法事。"

道一师徒听了路嗣恭的介绍,纷纷赞扬称谢。

道一在开元寺休息了几天,便主持了一场说法大会。说法这天,路嗣恭和他的僚属们都早早前来,坐在前排,静听道一的开示。道一在法会上以"全心即佛,全佛即人,人佛无异"为内容,淋漓尽致地发挥了他的禅学思想。此时的道一禅学修养已经高不可测,故能够随心所欲,即兴发挥,酣畅淋漓,令听众们如痴如醉。

有位听众感动莫名,迫不及待地向道一提出了一个问题:

"请问大师,什么是道,怎样才能修道?"

道一和颜悦色,耐心地解释说:

"其实,道并不用修持,只是不要被污染。什么是污染呢?有了生与死的区别,有了是与非的拣择,有了得与失的执着,就成了污染。如果一定要说什么是道的话,那么,我告诉你们,平常心即道。什么又是平常心呢?没有造作,没有取舍,没有凡俗与神圣,这就是平常心。佛经上说:'不是凡夫行,不是圣贤行,便是菩萨行。'比如大家现在随意地行住坐卧,应机接物,就都是道的体现。平常心也就是与日常生活直接相关系的现实之心,这一现实之心即真即妄,而又非真非妄,它的无有取舍、无所执着的天真自然地运用,便体现为大道。"

"师父,弟子多年的疑惑终于被断除了!"

这时,有人又给道一提了一个更微妙的问题:

"按照大和尚所说,道不离日常生活,行住坐卧都是道,无须恪守规矩和戒律。那么我们究竟是该吃酒肉,还是不该吃酒肉?"

道一微微一笑,不慌不忙,游刃有余地化解了这个难题:

"吃酒肉是你的禄,不吃酒肉是你的福。"

密留不遣

大历十三年(公元 778 年),路嗣恭被召回朝廷,拜兵部尚书、东都留守。由于路嗣恭栖心佛法,体恤下情,临行前,道一师徒与洪州官民扶老携幼前去相送。

建中元年(公元 780 年)四月,鲍防任洪州刺史。鲍防是进士出身,喜好艺文,在浙东幕府期间,曾与严维、吕渭、谢良弼、丘丹等五十余名文人联唱吟咏，盛极一时，江南文士纷纷依附。他自己的作品也悲天悯人，刺讥时病，文辞清丽，而旨趣深远。鲍防出镇福建期间，已经听说了马祖在建阳佛迹岭弘法的盛事，因为未能一睹盛况，亲沐法雨，常常引以为憾。所以，他到洪州不久，便率幕僚多人一同赴开元寺参拜马大师。

宾主相见，免不了寒暄一番。

"久仰马大师，惜未能恭临道席，沾沐法雨，直到今天才得以瞻望大师，幸甚幸甚！"

"岂敢，岂敢。鲍施主文采风流，令名远播。浙东联唱，极一时之盛，享誉文坛，很是难得。"

鲍防没想到道一对世俗学问也有研究，心生感佩，忙谦逊地说：

"哪里，哪里。雕虫小技，何足挂齿。让师父见笑了。"

道一见鲍防没有一点文人的酸臭气，对他的好感又增添了几分，笑着说：

"其实，诗禅分则为二，合则为一。诗家讲究兴象玲珑；禅者则主张截断思维，超越分别，当下顿悟。如鲍施主的'啸侣时停策，操幽或抚琴''竹影思挂冠，湍声忘摇扇''云林会独往，世道从交战'等句，不仅诗境高远，而且禅趣十足。佛性距每个人并不遥远，目之所击，道之所存。鲍施主不必外求，自家田园的风光就颇为幽绝。"

道一娓娓而谈，抉幽阐微，鲍防越听越敬佩有加，两颗心灵越来越近。直谈到夕阳西下，明月东升，鲍防才依依不舍地离开寺院。

不久，鲍防接到一纸诏书，进退两难。

朝廷颁下一道诏书说，各地僧人到处云游，随意栖止，归属混乱，不利于统一管理。因此朝廷要求地方长官将那些僧籍不属于此地，而又在此地长期羁留的僧人，速速遣归旧地！

鲍防接到诏书后，非常矛盾。按照诏书上的规定，马大师应隶属于虔州龚公山，属于诏书规定遣送的范围，应当遣归。如果不遣送回去，传扬出去，便是抗旨违诏，如果再被朝中小人拨弄几句，自己这罪名可就大了，弄不好要断送仕途的。可是如果将大师遣回龚公山，不独自己于心不忍，就是洪州吏民也会议论纷纷，怨声载道。自己怎么向百姓交待？

他权衡再三，竟不知该如何处理这件令人挠头的事，就找来两位心腹幕僚商议一个万全之策。

没想到幕僚有高见，向他提示说：

"马大师离开龚公山时，已将袈裟托付给智藏禅师，并密付心要，嘱他为龚公山继任住持，在丛林中广为人知。只是智藏舍不得离开师父，才又跟随师父到了洪州，所以，也可以说马大师已不隶属于龚公山了。"

"是呀，是呀。路公连帅邀请大师来到洪州，让他驻锡开元寺，也曾颁有正式公文。换句话说，大师应隶名于开元寺，并不属诏书所列遣送范围，大人还有什么放心不下的呢？"

一番话将鲍防心头的愁云驱散了,他眉头舒展,对两位幕僚吩咐说:

"既然这样,此事就不要再提起了,不要惊动马大师的法驾。"①

① 《宋高僧传》卷十《道一传》:"建中中,有诏僧如所隶,将归旧壤,元戎鲍公密留不遣。"

施药救民

瘟疫在肆虐着。

大批的百姓死掉了,还有许多人正在忍受着病魔的折磨。起初,人死掉了,还钉一口棺材,隆重出殡葬掉。不久,随着死亡人数的增加,买不起也买不到棺材了,于是降而求其次,买一张芦席卷起来,便算了事。后来,芦席也不够供应,干脆将死者拉出村庄,草草用土掩盖起来。原野上很快就出现了成排的坟头,极不协调地耸立在那里,令人惨不忍睹。

猫头鹰和野狼也嗅到浓烈的腐尸气味,大白天成群出没,寻觅没有被掩埋的尸体,互相恐吓着,争抢着。到了夜晚,凄厉的嗥叫声此起彼落,绿幽幽的眼睛如磷火闪烁,令人寒毛倒竖,活像进入了十八层地狱。

医官们从未见到过如此大规模的瘟疫,对

此突然袭击束手无策。一些药铺老板见利忘义,趁火打劫,在求药者身上大发横财,越发把百姓推向火坑。

患病的人陷入孤立无援的绝望境地。

没有患病的人在恐惧中与家人商议,背井离乡,举家迁徙,道路上行人络绎不绝。许多村子里的人几乎全走光了,看不到袅袅炊烟和嬉闹的孩子,听不到鸡鸣狗吠的声音,一片萧条冷落。

时疫的幽灵在靖安县上空发出狰厉的笑声。

道一率徒众在洪州境内游方,还未到靖安县境,就见成群结队的百姓逃离靖安。他顿生疑窦,便派弟子去询问。弟子探明情况后,向道一作了禀报,并说老乡劝他们千万不要去靖安,防止传染上疾病。听了这种情况,围上来的弟子有的面有忧色,有的心惊胆战,还有的议论着应当赶快离开。

大家都把目光集中在道一身上,等待他的决定。

道一听了弟子的禀报,神态安详,只是淡淡地说了一句:

"继续赶路吧!"

怀海、智藏、普愿等几个徒弟堵在道一的面前,异口同声地说:

"师父身体贵重,况且年龄渐高,就不要去了。我们几位徒弟先去打探一下消息,然后向师父禀告,再作计议,师父觉得怎么样?"

道一仍然平淡地说:

"我不下地狱，谁下地狱？不要再说了，继续赶路！"

几个弟子仍堵在前面，不让道一前行，道一见状，沉下脸来，厉声喝道：

"你们一个个都枉读经书，白白接受我多年的开示，实在让我失望！儒家讲取义成仁，当仁不让，墨家讲赴汤蹈火，在所不辞，世俗之学尚且能如此，况我佛门，更要慈悲度人。如果贪生怕死，又如何自立于天地之间？怕死的回去，不怕死的跟我走！"

听了炸雷般的话语，众人无不为之动容。于是，大家不再阻挡，都默默跟着道一朝靖安城走去。

道一一行在途中不断遇到涌向城外的人流。这些人中，有的是逃亡到外地去的，有的是出城掩埋死者的。他不时询问情况，留心讲述人所说的瘟病症状。到了县城，他也顾不上休息，便去诊所查看病人，了解发病原因。

根据病人和医生的诉说，道一知道这种病多半是由于饮水或吃饭引起的。先是腹泻呕吐，接着是腹部肿胀，高高隆起，像孕妇一样，然后是皮肤坏烂，病人哭叫，痛苦不堪，一直到死去。

道一忽然想起在南岳传法时，曾有几位徒弟游方归来后，也染上疾病。那种疾病与这次所见的症状十分相像。当时怀让禅师配制了几味草药，然后让弟子从山中汲深泉中的水，煎服了几副让他们喝下，便都痊愈了。幸好那几味草药的名字道一还记得，就写了许多单子，让徒弟们去城中药铺购买，又让其余的僧人随他来到一个寺院中,向寺主说明情况。寺主见道一为了祛除病魔,亲自来到这里,于是很乐于听从他的吩咐。

道一让寺主赶快找水桶汲水,支起煮粥的大铁锅烧水。寺主的脸上却显出为难之色。一问,才知道是寺中的水井年久失修,每天出水不多,因为寺内人少,一直勉强维持。道一立即指挥众人维修旧井,好在人多,轮流着工作,用了大半天的时间,就将旧井疏浚好了。泉水汩汩而出。

道一亲自将几味药按比例配匀,倒入锅中,又将汲上来的井水倾倒到锅中,用木柴将药水烧沸,然后让徒弟们将病倒在寺门口的几个乞丐抬回来,给他们喂汤药,并用棉布蘸上药水涂抹在患者溃烂处。

说来也真神奇,服了汤药的乞丐不一会儿就感到神清气爽,病情减除了一大半;涂了药水的溃烂处,很快消了肿,结了痂。看到这种情形,不光是乞丐们惊讶不已,就连道一的弟子们也按捺不住激动的心情。

消息不胫而走,寺院中很快来了一大批人。道一和徒弟们又投入紧张的救助工作,就连刚刚痊愈的几个乞丐也跑前跑后,帮忙汲水施药。

第一批人还未走,又来了许多患者。到了晚上,患者将寺内寺外围得水泄不通,口口声声喊着要请活菩萨施药。

道一见状,料想再烧水涂药已来不及,于是灵机一动,让智藏将配好的药包投在井中,然后让徒弟中身强力壮的人不停地汲水,每汲上一桶便拿瓢舀到患者的碗中,这样就大大加快了治疗的速度。

喝了井水的患者和先前喝了药的患者一样,当下就感到有疗效,呼喊雀跃。有的大病初愈,便拜倒在道一面前,请求剃度出家。

施药救助工作一直持续了三天三夜,病人渐渐地少了起来,寺院又恢复了往日的静谧。徒弟们累得骨头都快散了架,大家眼睛熬红了,嗓子喊哑了,腹内空空,好多人已等不及回到寮房,或者就地躺下,或者斜倚在墙角睡着了。

道一充满爱怜地看着这些徒弟,微笑着摇摇头,他自己也就近在一株老松下,跏趺而坐……

不久,当地百姓请一个进士用金屑写成"法药寺"三字,敲锣打鼓来到寺前,将牌匾悬挂在寺门口。

百姓们传说,从此法药寺的井水一直甘甜清冽,饮了井水的人老者增寿,少者益智,无病养颜,有病去疾。[1]

① 本节内容参见《靖安县志》卷三。

护法承教

贞元元年(公元785年),李兼从鄂岳观察使移镇江西,兼守洪州。

李兼向来喜好佛法,和他的前任一样,一到洪州,就专程安排时间前往参谒道一。

这天一大早,淫雨霏霏,道路泥泞。李兼昨晚身体不适,咳嗽不停,仍撑着身子起来,准备按计划前往参谒道一。幕僚权德舆听说刺史病了,便劝阻说:

"李大人,既然天气不好,您又染病在身,我看还是改日再去开元寺吧?"

李兼轻轻摇了摇头:

"不碍事,不碍事。偶染风寒,没有什么大不了的。前已和马大师约好,怎能随意变卦呢?"

权德舆不以为然地说:

"由在下去向马大师说明一声不就行了?"

李兼挥了挥手,示意属下安排出发。

权德舆只好叹了一口气,尾随着李兼,搭乘后面一顶轿子前行。

雨中的开元寺,朦胧隐约,有如淡墨泼出来的丹青,线条空灵,色彩素雅,别有一番意趣。

清香袅袅,禅房一片静谧。唯有窗外的菩提树叶,被细雨敲击着,发出幽幽而又有节奏的响声。

道一与李兼、权德舆等人相见,彼此合掌问讯,寒暄一番。李兼咳嗽起来,权德舆赶忙向道一解释:

"李大人有病在身,还硬撑着身体要来拜见马大师。"

"不碍事,不碍事。"李兼用瞋怪的眼光看着权德舆,暗示他不要再往下说。

道一关切地问:

"哦,是吗? 不知李施主是身病,还是心病?"

李兼与权德舆对道一的提问疑惑不解。李兼思索半晌,轻轻啜了一口茗茶,笑着反问道:

"请师父指示,什么是身病,什么又是心病?"

"身病是无,心病是有。"

权德舆越听越觉得糊涂,他心中暗忖:马大师怎么越说越离谱,人家是堂堂方镇长官,明明是带着病来探望你,你怎能这样讲话呢?

李兼毕竟是方镇大员,仍不温不火地问道:

"请问师父,这身病与心病究竟怎样区分,又怎样医治?"

道一望着飘飞的雨丝,说:

"不可区分。但身病由医师诊治,无非几味草药,再加针砭。如果是心病,老衲倒有一个药方,可使施主免遭永劫之苦。"

"敬请师父开示,赐此良方,解除在下心中的痛苦。"

道一呵呵一笑,端起茶杯,呷了一口,不紧不慢地说:

"即心是佛。"

权德舆这时才恍然大悟,绕了大半天的圈子,原来马大师是在和主公大人谈禅,于是他也饶有兴致地听下去。

李兼听了道一的话,若有所悟,但仍不满足,继续追问道:

"早听说马大师讲'即心是佛',但下官痴愚,不得心要。望大师慈悲,行个方便,解说一下。"

道一一边摆弄着手中的拂尘,一边朗朗地说道:

"佛不在天边,也不在经书中,更不在老衲口中,佛就在施主自性之中! 不要执着于身体与心灵的有无,你触目所见到的一切境界,就是真如佛法。能否修持正果并不在于读过多少经书,也不在于参拜过多少禅师。如果连这一点都不明白而去盲修瞎炼,无异于南辕北辙。更严重的情况,则无异于抱薪救火! 如果能够当下觉悟,那么你就会发现,纯真的佛性,不在别处,就在方寸自性之中!"

李兼听完道一的这番话,出了一头热汗,顿时感到上下通彻,浑身舒泰,病情一下子减轻了许多,面色也忽然清朗,眼中的阴霾一扫而光,满面含笑地向道一躬身作礼。

权德舆还在一旁琢磨着道一的话,似有所悟。

雨声淅沥,春意阑珊,一阵微风过去,乱红纷纷飘零。然而,落下的只是花瓣,萌生出的却是果实。一切都是这样自在、平常、和谐。

洪州门下三大士

野鸭飞过

道一门下弟子如云,然而其中他最为得意的要数怀海、智藏与普愿三人。他们同为道一的入室弟子,当时有"三大士"之称。

怀海俗姓王,祖籍太原(今属山西)。远祖为了逃避永嘉之乱而迁居福州长乐(今属福建)。怀海幼年时就皈依了佛门,在潮阳西山慧照法师处落发出家,做了小沙弥。后来在衡山法朝处受具足戒。从此以后,怀海便独自一人,云游天下。他曾停留庐江(今属安徽合肥)的浮槎寺,青灯黄卷,翻阅经藏,潜心钻研,一晃就是几年时间。

此时,道一在南康龚公山弘扬禅法,声名远扬。怀海仰慕道一的道行,倾心依附。于是他不辞艰辛,持钵杖锡,跋涉千里,前往龚公山,投奔到道一的门下。

怀海刚到开元寺时,是道一身边的一名侍者,人称"海侍者"。每次送斋饭给道一,怀海刚刚揭开盘盖,道一总是拿起一片胡饼,询问僧众:"这是什么?"每日如此,僧众不解其意,没有一个人能够答复。

时光飞逝，转眼间怀海在道一身边已待了三年。

这天，天高云淡，阳光明媚，暖意融融。道一兴致勃发，决定游览龚公山。怀海随侍在道一左右。师徒二人走出寺院不久，便离开大道，踏上盘山而上的羊肠小道。将近正午时分，道一与怀海来到了春意盎然的小山岭。

清风送爽，道一和怀海顿感心旷神怡，如同置身仙境。他们放眼远眺，只见眼前千壑竞秀，万林争辉，山峦起伏，云蒸霞蔚。耳旁流泉飞瀑轰轰作响，山雀、黄莺啾啾鸣啼，好一派奇丽的山水！

师徒俩临风而立，指点远近，兴致很高。忽然听见羽翼响起，有什么东西扑棱地振翅飞过去。哦，原来是一群野鸭子受惊飞起。

道一深知怀海禀性天然，根器不凡，有心点拨使他早日开悟，见此情景，就问他：

"那是什么？"

"是野鸭子！"怀海望着冉冉飞去的影群，循着惯常意识，顺口答道。

道一回过头来，定定看着怀海：

"飞到哪里去了？"

怀海茫茫答道：

"飞过去了。"

说时迟，那时快，道一见怀海如此回答，蓦地将怀海的鼻头扭住，怀海忍不住负痛失声："哎哟，好疼！"正要再说什么时，只听道一沉声斥责："明明是在这里，怎么说飞过去了？"

在禅宗看来，大千世界本来就没有东西南北的区分，也没有飞进来、飞过去的差别，野鸭飞过仅是一种虚妄的象征而已。怀海执着于虚妄之相和差别意识，故难开悟。道一这一扭，把怀海心里对于时空的分别之想，彻底拧碎，这是大机大用，使怀海顿悟其禅旨。

一番轰轰烈烈过后，霎时天清地宁，怀海大梦初醒！是呀，一即一切，一切即一。山自高，海自深，一切有为法自自在，万境即是我，我就是万境。真如禅法是没有内外分别、没有时空对立的。从万物皆幻的立场看，我与野鸭子都是空虚的假相，是暂时存活的幻影，明明什么都没有，如何飞来飞去？从永恒的慧命来看，我与野鸭子都是当下存在的自性，宇宙即我，我即宇宙，我已突破肉身的界限，与天地万物合一，又何曾飞过去呢？时空观念一变，百千心障悉洞开，生命的永恒境界现前，我与世界都不一样了！

师父呵！从今以后，我不再痴迷分别，不再心随境转了！我将超脱身心的窠臼，融入广漠浩瀚的天地宇宙中去！[1]

怀海回到寮房，想起这一番脱胎换骨，想起前半生的愚痴，觉得又快乐又悲伤，就放声尽情

① 这一节的解释，参见吉广舆《人生禅》，中国青年出版社 1994 年版，第 149 页。

地大哭起来。他的鼻子虽仍疼痛,但他满心感激,充满着大悟的喜悦。师兄弟们听到他的哭声,不知道他一番"大事已明,如丧考妣"的心情,纷纷围了上来,关切地问道:

"你是想念父母了吗?"

"不是!"

"被师父骂了一顿,心里觉得很委屈吗?"

"不是!"

"那么,你还哭什么?"

"我的鼻子被师父拧了一下,疼死我了!"

"到底有什么不契合师父旨意的地方,招致师父生这么大的气?"

"你们问师父去!"

于是,师兄弟们一起来到方丈室问师父:

"师父慈悲,怀海侍者犯了什么错误,竟惹得师父如此生气?他现在还在寮房中大哭不止呢!"

道一微微笑着对大家说:"怀海心中明白,你们还是回去问他自己吧。"

师兄弟们回到寮房,纷纷埋怨指责起怀海来:"师父说你自己心中明白,你却让我们去问师父。哼,真是的!"

怀海听了这话,忽然止住哭声,哈哈大笑起来。大伙被他的举动弄得莫名其妙:

"你刚才还在大哭,这会儿又大笑,到底是怎么回事?"

怀海哈哈笑过一阵,自言自语地说:

"是啊,刚才大哭,现在大笑!"

大伙见此情景,更是如坠五里雾中。

第二天,是道一升堂说法的日子。

僧众们集合起来,准备恭听道一开示佛法。怀海走进法堂,将自己刚刚铺好的坐席卷起,头也不回,径直朝法堂外走去。众僧徒窃窃私语,纷纷议论开来:

"海侍者昨天被师父拧了鼻子,一会儿哭,一会儿笑,举止异常。今天竟然连法会也不听了,真是个怪人。"

"是啊,海侍者今天的举动真令人吃惊,简直不可思议!"

道一见怀海卷席而去,也一言不发,走下法座,回到了方丈室。

道一前脚进屋,怀海后脚就赶来了。

"我还没有开始说法,你怎么就把坐席卷起来了?"

"昨天你把我的鼻头拧得太痛了。正因为昨天你用峻烈的手段,把我的鼻子狠狠地拧了一下,终于使我获得了觉悟。"

"你昨天在哪里留心呢?"

"谢谢师父,我现在鼻头又不痛了。我的鼻头已经不痛,我已经不再迷惘,又何必再去听什么开示?"

道一赞许地说:"你明白了昨天的事就好。"

振威大喝

有一天,道一问怀海:

"海侍者,你从何处来?"

怀海脱口而出:

"禀告师父,我从山后来。"

道一又问:

"还遇到一个人吗?"

怀海答道:

"没有遇到。"

道一继续追问:

"为什么没有遇到?"

怀海答道:

"如果遇到,我就举说给师父。"

道一又问:

"从何处得来这个消息?"

怀海答道:

"这是我的罪过。"

道一也说:

"这是我的罪过。"

师徒两人的这一番话,不合逻辑,矛盾百出,思维道绝,可又空灵自在,随心所欲。犹如鲲鹏展翅,扶摇直上;云鹤在天,声闻九霄,高高超越于名理思维之上。

又一天,怀海再参道一,恭恭敬敬地侍立在旁边。道一默然无语,过了半晌,才抬起眼皮看着绳床角上挂着的拂子,看得很专注。

拂子又叫拂尘,是掸拂灰尘和驱逐蚊蝇的工具,柄端多扎以马尾或麈尾,佛教中常用它来比喻扫除精神尘埃的工具。魏晋以来,名士清谈,常持麈尾拂子,故后来人们称客座清谈为麈谈。这里悬挂着的拂子,并无特别之处,师父为何久久凝视呢?

怀海沉思了半天,忽然灵机一动,说道:

"就是这个作用,离开这个作用!"

道一问:

"你单凭这两片嘴皮子,今后怎么教诲子弟?"

怀海心领神会,一言不发,从墙上取下拂子,并把它竖了起来。

道一说道:

"就是这个作用,离开这个作用!"

怀海听了,又把拂子挂回原处。他的心里一片亮堂——举起拂子,放下拂子;就是这个作用,离开这个作用,意味着佛法的非即非离,亦即亦离。

忽然,道一振起雄威,大喝一声!这一吼可真了不得,怀海耳朵里充满了雷霆般的吼声,经久不息,盘旋回荡,外面什么声音都听不进去了,如同耳朵聋了一般,眼睛昏花,直冒金星,这种症状一直持续了三天。

怀海这才真正体会到道一的峻烈机锋,随机而设,没有定式,使人在冷不防中截断感知见解,悟得本心。

怀海后来在新吴(今江西奉新县)大雄山百丈峰另立门户。这大雄山水清山灵,有山峰兀立千尺,所以称为百丈山。怀海在此经营多年,终于建立起一座大道场,所以人们就称他为百丈怀海禅师。他在说法时还经常提及这件事,充满感慨地对弟子们说:

"佛教大法不是一件小事,回想当年我被马大师一喝,耳聋眼黑,足足有三天!"

他的弟子希运在一旁听了,倒吸一口冷气,不禁吐出了舌头,惊异不已!

怀海见希运吐出舌头,便问他:

"你以后想继承马祖家法吗?"

"不一定。今天因为师父你举了这段公案,我才知道马祖的大机大用,但我还不真正了解他。如果要我继承马祖,恐怕以后将会接引不到人了!"

怀海听后,连连点头称赞:

"你说得对,你说得对!见解与老师一般高,就会减师半德;只有见解超过老师,才堪承当禅宗大法的传授。你的这番话,真有超师之见!"

后来,宋代的张商英居士作了一首颂说:

马师一喝大雄峰,深入骷髅三日聋。

黄檗闻之惊吐舌,江西从此立宗风。

可见这一喝,对于建立江西禅法有多么重大的影响。因为百丈怀海等众多门下弟子的共同努力,马祖道一禅师这一派很快形成了禅史上所谓的"洪州宗"。

创寺立规

禅宗在六祖惠能之前,徒众并不是很多,继承大法授受衣钵,也都是一脉单传。由于六祖对禅法的弘扬,四面八方的学者云集响应,跟从六祖参禅学法的弟子很多,这些弟子又各有徒众,以及徒子徒孙,百余年间很快繁衍起来,人数剧增,从南到北,从都邑到山林,都有禅宗弟子。

这些禅僧以禅道相授受,有的岩居穴处,有的寄住在律宗的寺院里,有的则仅仅寄名于合法寺院,而本人大都离寺别居,还有许多禅僧既无度牒也无寺籍。随着禅宗的兴盛,参学的僧俗信众日益增多,有识见的禅宗大师已意识到禅僧住在律寺内尊卑不分,不符合说法住持和集体修行生活的规则;而岩居穴处,迹似野人,也不便于管理和集体修行,对于僧徒的行为缺乏起码的约束。

因此,道一开始在深山荒岭之中,率领弟子,勘察地形,选择地址,垦荒构屋,建立丛林,形成了禅寺。他率领徒众从建阳佛迹岭进入江西弘法,首先在西里山修建了第一座道场。他在这里诛茅盖篷,修行数载。在这段时间里道一与徒众一起参加劳作,搬运木材,砍伐茅草。随后,道一于大历初年驻锡南昌开元寺,创建丛林,并在此弘扬佛法,长达二十余年之久。修行禅法的僧众有了自己的寺院——禅寺,结束了飘泊寄居的生活。但寺庵草创之初,规矩未立,管理不严,仍然有很多混乱的地方。因此,完善丛林制度,就成了当务之急。

道一圆寂后,这个任务就落到了怀海身上。怀海另辟山头,虽有自己的丛林可住,但苦于没有一个规章制度用来规范禅僧的行为。于是在元和九年(公元814年)怀海折中大小乘戒律,大刀阔斧,改革佛教本来的制度,正式制定了一套禅院法规,成为天下丛林效法的规式,习惯上叫作《百丈清规》。这一法规使得禅宗寺院组织和僧众日常行为有了程序、章程和准则。

《百丈清规》对于住持、法堂、僧堂和寮舍等都作了明确的规定,其大体法则是:

禅院不立佛殿,只设法堂。用来表示佛陀亲自嘱咐,以现前的人法为重,说明佛法的超乎言语与形象。

立德高望重、深具禅学见解的人为丛林住持,地位最高,尊为长老,居住在方丈室。

参学僧众不论高下多少，一律进入僧堂居住；在僧堂内设"长连床"，集体同睡。

长老说法、主事，徒众雁立侧聆，宾主问答，激扬宗要，井然有序。

除了听禅师开堂说法，入室请益外，听任习禅者勤怠，或上或下，不拘常准。

行普请之法，上下均力，一日不作，一日不食。

斋粥随宜，一日两餐，人人有份。

有违犯寺规者，当众烧掉衣钵道具，以柱杖从偏门逐出丛林。

……

元和九年正月十六日，元宵节刚过，远处还能看到隐约的灯火，依稀有炮竹声和童子的嬉闹声。怀海禅师用他瘦弱的手将修订稿的《清规》亲自抄写一遍，举目眺望，窗外月白风清，百丈峰寂静得出奇。他默默地在心中说："马大师，由您肇始的丛林改革基本完成了，您伐山导源于前，我集其大成于后；您行履身践于前，我总结概括在后。我怀海可以告慰禅宗列祖了。"说毕，脸上露出了宁静安详的微笑。

第二天，怀海也悄然入灭了。

饥吃困眠

"用斋饭了,快来用斋饭了!"

主厨的饭头师从山上喊到山下,不见有人回来。他来到山下,看见师父与徒弟们正在垦荒。刚刚下过一场雨,心情正好,将这块斜坡地的杂草锄掉,再把地用铁锹翻过,撒上蔬菜的籽种,过不了几天就会有新芽破土而出,约半个月左右,鲜嫩的菜蔬就可供应厨膳了。道一来江西后,所到之处,总是利用修行讲法的空隙,与僧众一同劳作,自给自足,上下均力。

"等把这包籽种撒完再停工用斋饭吧。"

道一估计再过一会儿就能将这块地种完,就对来招呼的饭头师说。徒弟们见师父发了话,虽然肚子里已饿得咕咕乱叫,但却不敢先行。

这时,人群中有一人丢下工具,跟随着饭头师回到斋堂用膳。他一边走一边嚷道:"困了就睡觉,饿了就吃饭,有什么可等的!"

众禅僧看到那人的举止行径,面面相觑,然后掉过头观察师父的反应。道一抖了抖身上的泥尘,抹了一把脸上的汗,破颜微笑。

干完活儿,大家回去用斋饭时,先回去的那一位僧人早已吃完了,正在帮饭头师为大家加饭添粥。

"大家快吃,饭要凉了。谁还需要,我给他添饭!"

道一坐着吃饭,饭桶太高,他看不清桶里面盛的是什么,便问道:

"桶里是什么?"

"你这老汉,吃饭就是,作什么言语?"

盛在桶里的皆是可吃的食物,你管它是干饭还是稀饭,是豆腐还是青菜。这些都用不着我们去分别,反正只管吃就是了。你也不必担心错把鼻子当作嘴,因为只要本心抬头做主,就是"能善分别诸法相,于第一义而不动"!

道一没有再问,默默吃着,心里充满了喜悦。

——是啊,修行的重点之一就是离分别,不分别则无联想。当我们面对各种现象、处在各种环境中,就只管用本心去照,不去分别名相。久而久之,我执惯性就会慢慢减弱,以至于无,但是在我们的实际生活里,是不可能完全做到这样的。

——生活嘛!总离不开劳作,也离不开学习,同时也离不开与人相处,或多或少都要分别,而分别又不是罪大恶极的坏事,若不借着分别,不以语言文字来表达,那人和人之间要如何沟通呢?尤其是学佛修禅,老师若无只字半语,能够自行开悟的人,那真是千万年也难得出现一位。

——分别联想只是本心的作用之一,是我们生活在现象界的一种工具。注意,它只是"工具",千万不要反客为主,让分别联想成了一种惯性的行为,不要有事没事就不停地去分别、去联想,而障蔽了本心,忘记了本心才是分别联想的主人。因此,在生活中,一方面固然离不开分别,另一方面又要离分别……

道一仍然低头吃饭。

众人听了这话,见师父没有愠怒之色,都感到非常吃惊,于是互相小声询问:

"这人是谁?说话行事这样大胆放肆?"

"他叫普愿,是从嵩山会善寺来的。"

听到众人提起这僧的名字,道一记了起来。

普愿俗姓王,郑州新郑(今属河南)人,自幼仰慕佛教,肃宗至德二载(公元757年),投密县大隈山大慧禅师受业,精勤修炼,手脚都皲裂起了厚皮;大历十二年(公元777年),到嵩山会善寺暠律师处受具足戒,遍习佛学经律论三藏,精通佛学妙义。后来听说江西马大师的名声,就不远千里前来投奔,愿为弟子。

"确实是一个法器!"

看着普愿的独特行径,道一暗暗称许。

普愿投到道一门下后,每次听道一说法,都是最早一个来到法堂。每逢听到心领神会处,总是得意忘形,要么微微而笑,要么手舞足蹈。道一入灭后,他于德宗贞元十一年(公元795年)住池州(今安徽贵池)南泉山,斫山畲田,耕种自食,足不下南泉三十年,人称南泉普愿,因俗姓王,故又自称王老师。文宗太和二年(公元828年),宣城廉使陆亘与护军彭城刘某,迎请普愿下山,执弟子之礼。从此学徒四集,不下数百人。太和八年(公元 834 年)入灭,世寿八十七岁。

师徒论月

夜色苍茫。

月亮还没有升得太高,只是斜挂在半竿竹上。

静悄悄,没有喧闹,没有嘈杂,白天的尘嚣了无踪影,静谧得如同梦境。

时序已近初秋,暑日刚过,闷热污秽的热浪如潮之退,虽然时有反弹,但渐渐远去,一直消逝到水天无际处,悄无声息。

清风徐来,明月当空,光明皎洁,好一个清凉境界。

如果再有几个清闲之人,泛扁舟,逐流光,玩水月,弃功名利禄、富贵荣华于不顾,委运造化,体悟宇宙生命的律动,这便是无量真常了。

道一见此情景,不禁生出一股活泼泼的清凉觉受。他想:这个境界正是开悟弟子们的最好时机。于是派人叫来智藏、怀海和普愿三个弟子随侍,一同去踏月赏景。

一行几人沿着蜿蜒的山路,走走停停,白天熟悉的景致,在月光下观看,如纱似雾,朦胧隐约,平添了一番趣味。站在山径上看山影,巍峨庞大,而山月则娇小玲珑。风吹疏竹,沙沙作响,但微风过后,竹丛又恢复了原先的宁静,并没有留下什么声响。月光照映在澄明的潭水里,潭水映射着月光,但潭底仍然没有留下月亮的痕影。是啊,月色如此清幽美丽,可是能领悟到它的美丽的,又有几个人?

一行四人仍然默不作声,缓缓而行,但此时无声,胜似有声。

道一清咳一声,首先打破沉寂:

"诸位,面对此良宵胜境,你们说该如何?"

智藏不假思索地回答说:

"依我看,此时正好焚起一炷香,讲经供佛。"

怀海接着回答说:

"照我说呀,此时是参禅打坐的好时机。"

道一听了两人的答话,不置可否,把眼光落到普愿身上。

普愿仍然出神地凝视着明月,一言不发。

智藏用胳膊肘捅了普愿一下:

"喂,还发什么呆,师父问我们对此情境应该如何,我们俩都回答了,就剩你了!"

普愿听了智藏的话,拂了拂衣袖走开了。

看着普愿的背影慢慢融在月光中,道一点头称赞说:

"经书是该放在藏经楼里——智藏就是这样的;禅应该回归到大海之中——怀海就是这样的;只有普愿独往独来,超然物外!"

——智藏迷于对经典的讲解,怀海执着于对禅的修行,只有普愿不迷执一切法相,独超物外,达到了精神的绝对无碍!

头白头黑

这天晚上,道一讲完法,准备休息一会儿。这一整天,他都在法堂说法,并回答僧俗听众所提的各种刁难的问题,嗓子有些干燥,靠近喉咙处还微微有点肿痛。他用菊花和几味中药泡的茶水润了润喉咙,心想:该是歇歇的时候了。正在这个时候,忽然听见有人在"笃笃笃"地敲门。道一让敲门的人进来。来者面孔不太熟悉,似乎是上山不久的参学僧,每天归附道一的僧俗信徒太多,有些道一确实叫不上他们的名姓。

来人也不客套,施礼之后,便径直提出问题:

"请问大和尚,如何离四句,绝百非?请您不必长篇大论,啰里啰唆,直截了当地告诉我成佛的方法吧!"

四句指有而非空、空而非有、亦有亦空、非有非空的有无之法;百非总言一切,皆为戏论。由根本四句衍化为一百,所以称为"四句百非"。大乘佛教认为这都与证道无涉,因此应该离弃断绝。

道一听了来人的问话,在心里暗暗叹了口气,心想:想一步登天啊?佛经上明明记载成佛要经过无限久远的时间,怎能一蹴而就?虽然永嘉大师遇到六祖就能"一宿觉",但你何曾看到他"历劫辛勤,多劫苦修"?登高自卑,婴儿不可能在一天之间就长大成人,世间的道理本来就这么清楚明白,可偏偏有人相信有侥幸和例外！这种人我见得太多了,可悲复可怜！

道一摸了摸自己的咽喉,又暗暗地叹了一口气:"唉,我整天说法度人,费尽唇舌,可就是有人偏偏难以开悟!"一抬头,看到参学僧的眼光,道一心生慈悲,指点他说:

"我今天累了,不能对你再讲了,你去问问智藏吧!"

参学僧听了道一的话,就离开方丈室,来到智藏住的寮房。静夜敲门,声音很响,在空旷寂静中回荡,智藏还以为有什么急事,忽忙穿起衣服,打开寮门,放来人进去。

参学僧将问题向智藏重复了一遍。

智藏睡眼蒙眬,他揉了揉惺忪的眼睛,打了一个哈欠,然后又问来者:"你说什么?"

来者又执着地将问题复述一遍。

"啊,关于这个问题嘛……你最好请教师父他老人家吧。"

"师父让我来问你。"来人仍固执地追问。

智藏老成持重,深藏不露。先推托自己不会,让他问师父去。没想到是师父要他来。智藏下意识地摸了摸头皮,会心地一笑:

"实在对不起,我今天头痛,不能回答你,你还是去请教怀海师兄吧。"

来人只好又走到怀海住的寮房门口,依旧响亮地敲着门。

怀海打开门,见来人深夜来访,好生奇怪。参学僧问怀海

　　　　　　　　　　　　　马驹——道一传灯录

同样的问题,并且说已经请教过马祖和智藏,仍未获得答案。

怀海一听就明白了几分,说:

"西来意我是知道啦,可我不能直示其意给你。"

什么话!知道却不能对我讲,是真知道,还是假知道?还是看不起我,不给我面子?听了怀海的回答,参学僧心里很不服气,好生懊恼,垂头丧气地离开,折回道一的住处,将情况向道一禀报。道一听了参学僧的禀报,知道智藏持重,已"功近圆满",而怀海年轻气盛,仍需一段时间加以锻炼,就感叹地说:"智藏的头白,怀海的头黑啊!"

参学僧一片迷茫,正想继续提问,但见道一已闭上双眼,似已入定,只好离开了。

归途中,他偶一抬头,忽见明月清凉,一片皎洁,顿时灵机触发,蓦地开悟!

——原来马大师和两位师兄弟都以不答为答,我却仍然不知,真是糊涂!我心中自生迷执和分别意识,所以思维转了个大圆圈,又回到了原来的出发点。师父和师兄们帮我打破了迷执,将我推出圆圈。师父不是说即心即佛,平常心是道吗?头白头黑本是极平常的道理,不用说,说了也无益。禅道的证悟原本如人饮水,冷暖自知,与言说无关,只与自性相关。我却偏偏抛弃自家本色,沿街乞讨!

参学僧露出了自信的微笑,挺直胸脯,大步流星地走在皎洁中。

不辱使命

道一有一天去找智藏,他见智藏将《楞伽经》《金刚经》《法华经》《维摩经》等书都散放在架上,上面落了尘土,好像很久没有动过似的,不禁摇了摇头。

智藏看到师父的神情,笑着问:

"师父又要批评我不读经了吗?"

道一仍是摇了摇头:

"不。过去是因为你刚刚接触经书,所以难以正确地领悟经书的要旨,所以当你对我说'经书大同小异,看上一种就可以,不必再读其他的书'时,我还批评过你。现在不同了,你已经领会了经书的要旨,已经用心去读,去体会,而不必拘于读的形式了。我知道你根器不凡,将来必定能振兴曹溪顿悟禅法。"

智藏听师父如此说,赶快施礼拜谢。只听师父又说:

"为师有一急事托付给你。这里有一书信,要送给长安的慧忠国师。你老成可靠,所以我想让你跑一趟,不知有没有困难?"

"师父,您尽管放心,没有什么问题。我一定办妥此事。"

第二天,智藏就出发了。一路上晓行夜宿,自不待言。十几天后,终于来到了京城长安。智藏按师父信封上所写,来到慧忠国师所在的光宅寺,将信交给慧忠国师。

慧忠国师是越州诸暨(今属浙江绍兴市)人,俗姓冉,十六岁离家出走,到曹溪六祖门下出家。[1]曾在南阳白崖山(今河南淅川县东)的党子谷修行四十余年。开元中,赵国公王琚、司马太常少卿赵颐贞奏征慧忠居龙兴寺。安史之乱爆发后,南阳沦陷,慧忠面对刀刃,颜色不变,从容自若。上元二年(公元761年),受肃宗征召入京,待以师礼,居于千福寺。代宗即位后,又敕于光宅寺安置。慧忠禅师曾奏呈治国理民的主张,皇帝听后竦然动容,连宰相崔涣也跟着他参学问道,恭恭敬敬地听他说法。世称"南阳国师"或"忠国师"。

忠国师听说是江西道一的弟子来送信,立即召见,并询问道:

"你师父现在说什么法?"

智藏没有回答,默不作声地从客厅的东边走到西边,然后侍立着。

"只是这些?还有别的什么?"

智藏仍然默默地从西边又走到东边,严肃地侍立着。

国师看了,不住地点头,说:

① 此据《祖堂集》记载。《景德传灯录》也列他为惠能弟子,但《宋高僧传》本传则只笼统地说他"法受双峰"。

"这些都是马大师的手段,大德你的是什么?"

智藏以守为攻地说:

"我早已都显示给你看了。"

不久,道一又派智藏前往杭州径山给道钦禅师送信。[①]道钦禅师本是苏州昆山人,俗姓朱,早年服膺儒教,二十八岁时遇到玄素禅师,当下感悟,请求落发出家,后来驻锡径山。玄素禅师是牛头山法融的第五代法嗣,而牛头法融则是达摩祖师东土第三代传人道信的旁出弟子,与五祖弘忍是同门师兄弟。

道钦曾在大历初年被代宗皇帝请到长安,受到空前的礼遇,上自天子下至百姓都非常崇敬他,更有许多文人对他佩服得五体投地;连代宗皇帝都向他咨问法要,对他供施勤至,钦赐为国一禅师。

智藏见到道钦后,互致问候,智藏将道一的信交给道钦,并说道:

"马大师要我向大和尚请教,十二时中,用什么为境?"

道钦笑着说:

"不急,不急,等你回去时有信答复。"

智藏毫不示弱:

① 道钦,一作法钦。此从《五灯会元》。

"我现在就回去,请大和尚给个说法!"

道钦不慌不忙地说:

"要想传话,必须亲自谒问曹溪惠能大师。只有他才知道是什么意思。"

智藏与道钦往来回复,谈论酬对了很久,机辩异常,妙思叠出,道钦门下的弟子对智藏也刮目相看,认为他不愧是马大师座下的一大士。

后来智藏在龚公山西堂驻锡,曾有一俗士问道:"真有天堂、地狱吗?"智藏回答:"有。"又问:"有佛法僧三宝吗?"智藏又答:"有。"俗士还提了其他许多问题,智藏一概答有。俗士便疑惑地问:大和尚凡问都答有,难道没有错误吗?"智藏反问道:"你曾拜见过哪位佛学前辈大德?"那俗士洋洋得意地回答:"我曾经参拜过著名的径山和尚,就是国一禅师。""那么径山和尚对你怎么讲?"俗士故作深沉地说:"径山和尚说一切皆是无。"智藏冷笑一声,问道:"那么请问大居士,你有妻小吗?""当然有。""径山和尚有妻小吗?""无。"智藏话锋一转:"径山和尚可以说无,而你怎么能说无呢?"那俗士自作聪明,却讨了个没趣。因立场不同,视角不同,所以说有说无,一切都对,而这位俗士却执着于分别,还迷而不知,自以为是,难怪要遭到智藏的诘难了。

大珠圆明梅子熟

自家宝藏

"你从什么地方来?"

"我从越州大云寺来。"

"大云寺道智和尚身体还好吗?"

"道智和尚年龄虽高,但精神矍铄。"

"你是随道智出家的吗?"

"是的。我俗姓朱,家居建州(治所在今福建建瓯县),在大云寺剃度出家,随道智和尚受业。他还给我取法名慧海。道智和尚经常向我提及马大师,认为马大师禅法精纯,禅风高妙,天下学僧,莫不景仰。"

"那么,你来此处有什么事?"

"来向大师求佛法。这既是受业师道智和尚的嘱托,也是我的夙愿。"

"我这里什么东西也没有,你来求什么佛法!"

越州来的慧海感到很纳闷:天下人都纷纷传说这里是选佛场,道智和尚也夸赞马大师是禅学泰斗,他自己却为什么这样讲呢？真是奇怪！

"人称马大师是禅学泰斗，恳请大师垂示一二，开化愚顽，指点迷妄。"

道一思忖：这个慧海倒是诚心求法，并且仪容瑰丽，一表人才，说不定还真是一个大乘种子，且待我点拨一番。于是道一陡然反问：

"你自己身上就带着一个大宝藏，却在外面东乞西讨干什么？"

慧海听了道一的话，茫然不解地问：

"请师父开示，到底我自己的宝藏在什么地方呢？"

道一见他根性纯正，但悟境仍欠火候，就入泥入水，轻轻为他点破：

"现在向我提问的，就是你自己的无尽宝藏。"

说毕，道一拂袖而去。

慧海听到"你自己身上就带着一个大宝藏，却在外面东乞西讨干什么"的时候，仍是云中雾里，不知所云，就像乘着一叶小舟航行在茫茫大海之上，四处雾气蒙蒙，船旁流水滔滔，不知船在何地，也不知彼岸在何处。而当他听到"现在向我提问的，就是你自己的无尽宝藏"的时候，突然间大彻大悟了！是啊，大师所说的"自家宝藏"，不是别的，就是自己的本心，也就是本源心性。一切具足，更无欠少，使用自在，何假外求！他记起了惠能大师《坛经》中的几句话："菩提般若智慧，世人本来就自身具有,但他们往往迷失了本性,以至于不能自我开悟,因此必须请求大善知识即具有真正见解的导师来为他们开示。""自我的觉醒才是真正的佛性,如果自己的心灵没有佛,还向什么地方寻求佛呢?"是啊,我虽自有菩提般若智慧,但自己并不知道,却生出种种迷妄,向外索取觅求,真是南辕北辙!

慧海终于豁然开悟,欢喜雀跃,咀嚼着道一的教诲,真是如饮醍醐,甘美无比。他情不自禁地朝道一走过去的方向,连连拜谢。

大珠圆明

慧海开悟之后,就随侍道一身边,在江西待了六年,修为日益精进。忽然有一天,慧海看见秋风袅袅,黄叶凋落,屈指一算,自己离开越州已经有六个春秋了。大云寺僧人几次捎书说,道智和尚年龄渐高,行动不便。道智是自己的启蒙师父,自己之所以能有今天,能得到马大师的爬罗剔抉,刮垢磨光,离不开道智的指点。饮水思源,自己应当感谢道智和尚的启蒙之恩。现在道智已日薄西山,自己应该服侍在他的左右,尽一份做徒弟的感情。想到这里,慧海来到方丈室,向道一说明来意辞行。道一听完慧海的叙述,很爽快地同意了,对他说:

"你已经开悟,获得我的心印,可以自立门户,大弘曹溪禅法了。既然你的授业师年老,你理应速速归去。在他圆寂后,你就可以继承他的大志,住山阐教了。"

"不，弟子浅陋，怎敢另辟门户。只是我侍奉师父的时间还很长，但报答道智和尚之日却很有限。我只是准备先回去服侍道智师父，再回来……"

"慧海，你就安心去奉养道智法师吧，不必多说了。"

慧海向马大师道过珍重，合十稽首，然后离开了洪州。

回到越州大云寺，慧海除了侍奉道智和尚外，便静坐禅定，很少言语，不显山不露水，反倒让人感到他痴痴呆呆。有人在背后嘲笑他说，去参拜江西马大师多年，不但没有变聪明，反而越发痴呆起来，不知究竟慧海是钝根和尚，还是马祖是浅陋禅师。慧海听说了，也不以为然，没有半句辩解，仍然痴痴呆呆，很少出头露面。

慧海闲暇时常想：马大师将曹溪禅法发扬光大，杀活自在，直指人心，为一代宗师，但马大师的至理妙语，如天花散落，较少为人们记录、集中，更没有人将其系统概括，百年之后，将会真讹混淆，使后学不辨真伪，无法得其心要宗旨，既然我亲炙马大师的法席，何不将马大师的心要、洪州禅的特点记录下来，以便利后学？

于是，慧海回忆起他在江西亲承教诲的情景，并结合他学习《楞伽经》《金刚经》和《坛经》等经典的心得，在古寺青灯下，日复一日，月复一月，整理马大师的心要。经过了无数个不眠之夜，披阅增删，积稿盈尺。最后，终于完成了全部工作，他在封面上，饱蕴浓墨，写下了"顿悟入道要门论"几个道劲的大字，放下毛笔,站了起来,舒展了一下腰腿。

黎明的曙光照耀在他清癯的脸上。

慧海完成《顿悟入道要门论》写作后,把它放置在经架上。他的法侄玄晏见大家都在议论他,也产生了好奇心。他见慧海白天忙着侍奉道智和尚,晚上则在青灯之下,伏案疾书,有时甚至会熬上一个通宵。出于好奇,他曾偷偷窥看过几次。但见慧海时而奋笔疾书,时而低首蹙额,时而欣喜异常,时而静如入定。难怪人们都说他痴痴呆呆呢!有一天,他趁慧海不在,蹑手蹑脚地推开寮房的门,看到经架上的那叠手稿,翻了半天,也看不出眉目。忽然,他灵机一动,心想何不将这叠手稿带到洪州,让马大师鉴定,看究竟写得怎样。

于是他将手稿用僧袍裹起来,悄然离开,昼夜兼程,赶往洪州马大师道场,说明情况,将手稿呈给道一。

道一一听是慧海写的,顿时来了兴致。他随意翻阅着,看到封面上写着"顿悟入道要门论"几个字,再看里面,只见有一页写道:

> 这个心不青不黄,不赤不白,不长不短,不去不来,不垢不净,不生不灭,湛然常寂,这就是本来心的形相。

道一思忖:这仍然是《金刚经》思想的内容,说心体自在,不执着于两端。从这段文字上看,还见不出慧海自己的独特思想。

道一又翻了一页：

> 什么是戒定慧？清净无染是戒；知心不动，对境寂然
> 是定。知心不动时不起"不动"的念头，知心清净时不起
> "清净"的念头，同时对于善恶皆能分别。在这中间无所染
> 着，得到心灵的自在，这就是慧。戒定慧三学具足于一心，
> 所以佛教所说的戒，不是一些干枯的条文，而是指清净之
> 心啊。

道一看出，慧海对戒定慧三学的解释，与六祖惠能大师颇
多契合，没有太多的差别。但慧海能对戒定慧三学作这样透辟
的理解，也相当不容易了。

道一继续往下翻阅，只见几行文字赫然入目：

> 迷失自性的人不知道，法身本来没有形象，应现事物
> 而呈现形象，于是就把青青翠竹称作法身，把郁郁黄花称
> 作般若。如果说黄花就是般若，般若就与无情生命没有区
> 别；如果说翠竹就是法身，法身就等同于草木……按照这
> 种理论，如果一个人在吃竹笋，那么他就是在吃法身了！
> 法身无象，借助翠竹以成其形象；般若无知，借助黄花
> 而呈现形相，并不意味着黄花翠竹就是般若法身。

道一读到这里，下意识地点头赞许起来："看来，慧海确实具有上乘根性，这'无情无性'思想如此激烈，不乏大胆的创见！"

道一饶有兴趣地又翻开了一页：

> 出家学道的人们，不要在语言文字上兜圈子。行住坐卧，都是你自性的妙用，与大道契合无间。且将虚妄的念头全部扫除干净，保持心灵的安宁。如果不追随着外境的风，性灵之水就会永久的清湛。天下本无事，庸人自扰之。珍重！

道一越看兴致越高，禁不住赞叹道："这一节与我的观点非常相近，看来慧海是真正地理解了我的心要了。"

乘着兴致，道一又将全篇内容梳理了一下。他发现全篇论述的宗旨是：欲求解脱，只有顿悟一门。所谓"顿"是指顿除妄念，"悟"则是指悟无所得。要想顿悟，不能不明了心源。明了心源的方法就是禅定。那么什么是禅定呢？明见心性就是禅，妄心不生就是定。而所谓本性，就是指湛寂无生的心灵。这个心对着一切境界，不会生起爱憎取舍。正因为它不会生起爱憎取舍，湛然圆满，所以与清净的佛心冥合。这就是入佛位，就是解脱……道一发现，全篇条理清晰，逻辑谨严，思维缜密，对南宗禅和洪州门的思想作了系统总结，确有许多超

①《顿悟入道要门论》，
又作《入道要门论》，应
是同书异名。归于慧
海名下的还有《大云和
尚要法》，主要是汇编
大云道智的语录。传
世的《顿悟要门》杂有
北宗禅及其对立者神
会的主题，早于马祖的
禅思想。贾晋华考证，
原本《顿悟要门》可能已
流失，传世本可能是《大
云和尚要法》的内容。
收于《传灯录》卷二十八
的《大珠广语》，很有可
能才是其自著的《顿悟
要门》。见《古典禅研
究》，第142—144页。

师之见。①

道一召集僧众弟子，按捺不住欣喜的心情，对他们说：

"弟子们，如今越州有一颗宝珠，圆明光透，自在无碍，丝毫没有遮蔽，真是禅门龙象，洪州功臣！"

僧众中有人知道慧海禅师原来俗姓朱，知道师父这是用谐音来暗指慧海，从此以后，人们就称慧海为"大珠和尚"。僧众相互邀约，络绎不断地来到越州大云寺，寻访这位被马大师赞不绝口的大珠和尚。

看到有许多人来参拜他，还有的是从江西马大师那里来的，慧海诚惶诚恐，感到很窘迫，他面有难色地说：

"各位禅门学人，我并不会禅，也没有任何法门可以告诉你们。不敢劳驾各位在此久候，请各位还是回去歇息吧！"

众人并没有散去，有的人还低声议论：

"他将马大师对待他的那一套拿来搪塞我们，不行！没有收获，我们决不罢休。"

慧海禅师见前来参拜他的人一天多似一天，还有人夜半三更叩门请教，看来不开堂说法是不行了。于是他终于决定开堂说法。说法时,慧海采用随问随答的方式,满足学人们的要求,显示出他机辩无碍的才能。

有一天,几位法师前来参谒慧海,合十稽首问道:

"我们打算提一个问题,师父能否为我们解答?"

"可以,请尽管提问吧。这就好比深潭中的月影,可以任意摸取。"

"那么,请问什么是佛?"

慧海用手指着前方说:

"请你们看清潭对面,那不是佛又是谁?"

空里流霜,花林似霰。皎皎孤月,悠悠闲潭。

几位法师顺着慧海所指,朝清潭对面望去,烟波浩渺,什么也没有发现,于是众人都感到茫然不知所措。

其实,一旦彻悟,遍地是佛;若不省悟,即使撞见,也会和佛失之交臂,永远无缘。

佛是什么? 佛即是对本源心性的觉悟,并能达到绝对的最高智慧的境界。不悟本心,向外寻求,清潭对面哪会有?"清潭"本是明净的佛心,不是佛又是谁?

道一听到学人们对慧海说法情形的描述,露出了欣慰的微笑。

证悟本来

清香袅袅地从铜炉中升起来,随着微风吹拂,整个法堂都飘逸着一股芬芳。法堂中聚满了僧众,还有官员、绅士、文人和百姓,其中有些人是从几百里之外赶来的,专程听道一禅师上堂说法。听众虽然很多,但并没有喧闹嘈杂,大家都将目光投向讲坛,期待着马大师的出现。偌大的一个法堂,此时此刻,反倒显得出奇的寂静。就连远处山涧中瀑布的飞溅声、杜鹃鸟的鸣叫声,也听得清清楚楚。

马大师终于出现了,面容慈祥,法相庄严,人群中开始有了躁动。人们都把目光投在了这位禅门龙象的身上。道一步履稳健地走上法堂,清咳一声,表示说法开始了。

僧俗听众一下子又静了下来,几乎可以听得见彼此的呼吸声。

这时,忽然有一位僧人朗声问道:

"请问大和尚,如何是佛?"

道一一看这人,骨相端庄,神情不俗,知道他叫法常。法常俗姓郑,襄阳(今属湖北)人,曾在荆州玉泉寺从师习经。二十岁时于龙兴寺受具足戒,之后便来到了这里,投到自己的门下,非常用功。道一微微笑着,有心点化他,便顺势接着问话答道:

"即心是佛,你要自己作佛!"

道一看到法常仍然迷惑不解,听众里面也有人开始窃窃私语起来,于是耐心细致地解释说:

"各位大德,各位善知识,今天我就给大家好好说说'即心是佛'这个道理。六祖惠能大师当年曾说:'证得佛位的智慧,世人本来即有，只是因为心地迷执，不能自悟。不悟则迷，悟即成智。'六祖还说：'一切法都在清明的自性之中。自性常清净，就像日月永远明亮。只是由于浮云蔽遮，上明下暗，所以有时看不见日月星辰。忽然遇到惠风和畅，吹散卷尽云雾，宇宙万相，一时间就会全部重新显现出来。世人性本清净，好比青天，智慧好比日月，妄念好比浮云蔽遮。由于有了妄念，所以使自性黯淡不明。遇到大善知识开示，犹如惠风吹散迷妄的浮云，内外明澈。'惠能大师还有《自性真佛解脱颂》，其中一首说道：'若能心中自有真，有真即是成佛因。自不求真外觅佛，去觅总是大痴人。'"

"各位大德，各位善知识，请你们好好记住：自心就是佛，此心即是佛心，心外别无佛，佛外别无心。如果谁离开自心向外求佛，就好像抛弃自家的万贯财产，而出门沿街乞讨。我再一次告诉大家：佛距离我们并不遥远，可以从这颗心上去体证。对万法不要有什么执着，观照任何境界都不要迷失本心。"

法常听了道一这番开示，直如醍醐灌顶，恍然开悟，于是合十肃立，没有再问什么。众人也都被道一的说法深深感动了。

后来，法常向道一辞行，来到浙江余姚南面七十里地的大梅山，这里风景秀丽，红尘不到，传说原来是汉代著名隐士梅子真的隐居之所。法常便在这里结茅隐居。

贞元年间，盐官齐安有一名弟子入山采木做柱杖，迷失了路径，来到法常的庵所，询问法常说：

"师父在此山住了多长时间?"

法常回答说:

"只见四山青又黄。"

那僧人又问道:

"出山路向何处走?"

法常看了看潺潺的流水,曲曲折折,蜿蜒而流,随口答道:

"随流去!"

僧人回去之后,把这件事给齐安说了。齐安寻思:这位隐者不同寻常,他回答僧人的话语含玄机,既回答了问题,又显示了修持的境界,于是对那个僧人说:

"我过去在江西马大师的门下修行时,曾见过一个叫法常的僧人,得了马祖一言开示,顿然了悟,道行高深。可后来却杳无音信,山中隐居的莫非就是这个人?如果真是这样,他与我就是同门师兄弟了。现在你再去跑一趟,将他请下山来。"

那僧禀受师父的命令,再次前往大梅山。峰回路转,岭断云遮。好不容易找到原来的地方,却没了法常的影子。僧人费尽周折,继续找寻,终于找到法常,说明来意。法常听了,微微一笑说:

"我这里有一个偈语,你带回去交给齐安就是了。"

那僧人接过一纸,只见上面龙飞凤舞般写着两首诗偈:

摧残枯木倚寒林，几度逢春不变心。

樵客遇之犹不顾，郢人那得苦追寻？

一池荷叶衣无尽，数树松花食有余。

刚被世人知住处，又移茅舍入深居。

诗偈的大意是说，自己就像一株枯木，纵使春天到来，也不会因为外界的绚烂旖旎而迷失了本性。对自己这株枯木，连砍柴的樵夫遇见了都不屑一顾，懒得伐取，而您齐安却格外垂青，真是难得的知音！只是我避世隐遁之心已坚，您又何必如动刀斧的木匠，以求材用世的眼光，来苦苦相逼呢。何况这山居也有数不尽的美景：一池荷叶，作为衣裳，裁用不尽；数亩松花，可作粮食，食用不完。这样的乐趣怎么能白白丧失呢？所以刚刚被世人知道了住处，为了不受干扰，我就又把茅舍搬到山的深处去了。

"好一个法常，不愧是马祖大师的法嗣！"齐安读完了诗偈，向大梅山久久凝望着。

梅子熟了

却说道一在江西听说了法常在大梅山隐居，并有诗偈传示齐安。明珠潜藏，不能自掩其宝光。后来法常终于出世住山，道一听到消息后,心中欢喜。他感到法常根器不凡,在回答齐安弟子的诗偈中,能看出他勘破色相,证悟本来,形如枯木,心如死灰,独倚寒林,如如不动,虽然经历了几次"死灰复燃""枯木再生"的机会,但仍不改变原来的心意。可见法常已深得禅宗要旨。但不知他的修持究竟达到何种程度,步入哪一层境界了呢?"待老衲派人考验一下他。"道一沉思片刻,让侍者唤来一名弟子,给他如此这般地嘱咐了半天。那弟子打点了一下行李,就从江西出发,赶往明州大梅山。

到了大梅山法常驻锡的寺院,那位弟子通报之后,法常听说是马大师派来的信使,亲自率领几名大弟子前来迎接,将马大师的弟子安置下来。法常嘘寒问暖,殷勤恭敬,犹如侍奉道一禅师本人一样。他还问到师父的身体情况、其他师兄的情况,来人一一作答。法常感慨地说:

"我拜见马大师之前,已经修习了很久,经书也背了不少,但总感到支离破碎,不成系统,又仿佛在茫茫暗夜中摸索,举步维艰。自从听了马大师的教诲,我便豁然开悟,知今是而昨非,马大师真是我心路航程中的一盏明灯呀!"

"请问法常师兄,你从马大师处究竟悟得了什么?"

来人故作不知地问道。

"就是马大师所传的'即心是佛'呀!哈哈,我正在外头迷路,忽然发现不需千辛万苦向外寻找通往佛国的路。喏!门在里面,条条大路回归自己,我的身心就是佛国。哈,你看,我挑水砍柴都是修行……"

来人一笑,打断了法常的话,神秘地说:

"但是马大师现在开示的佛法已经有了变化,与原来大不一样了。"

"哦,他又变啦? 改成什么啦?"法常关切地追问。

"大师现在不讲'即心是佛'了,而是讲'非心非佛'!"

那人说完,仔细观察法常的举止反应。

法常听到"非心非佛"四个字,感到很突然,既然非心非佛了,还能有什么? 这难道不是彻底否定佛法了吗? 他始则感到愕然,胸口郁闷,似乎被压了一块巨石,令他窒息,几乎喘不过气来。沉吟半晌,蓦地大悟,脸上乌云四散,心中那块沉甸甸的巨石仿佛也被搬走了,呼吸又恢复了自由舒畅。

——学人不能执着于肯定的一面,而要有一种超越是非的精神,才是彻悟。即心即佛是肯定的一边,非心非佛则是否定的一边。只有过量大人,才能够担荷得起非心非佛。

——禅人悟道之后,洞彻无余,自然能立得住脚跟。如果人云亦云,随人言语,就是依他作解,毫无出息。我既已得马祖即心即佛的开示,深深体会要道,则"非心非佛"的转变,在我已成多余。因为任何言句,都是鱼筌。鱼既已得,就不必再管鱼篓的大小如何,形式如何了!

想到这里,他哈哈大笑起来:

"这老汉惑乱人心,不知要到何日方肯罢休。随他说'非心非佛',我只管我自己'即心即佛'!"

来人听了,如泥雕木塑般傻在那里。

使者返回江西,将法常的言谈举止一五一十地向道一作了禀报,道一听完,心里赞叹不已:

"这法常果然神宇峻爽,识见超人,悟道之后,洞彻无余,自然能立得住脚跟,不会依他作解,人云亦云,随人俯仰。大梅能内见自家本来面目,外明万物真假风光,不因我改变说辞而动摇信念,也不贪求多种解脱法门。他找到了一条正确的道路,就毫不犹豫地走下去,不反悔,不畏难,难得,难得! 这梅子成熟了!"

旁边也有人附和道一的话,交相称誉法常:

"不错,的确不错,真是洪州门下一匹金毛狮子!"

当时在道一门下,有一位悟境颇深的庞蕴居士,听了师兄弟们纷纷扬扬传颂这件事,半信半疑,同时也多少有几分不服气。于是他专程赶往大梅山,试探勘验法常悟道的真妄。

庞蕴居士的举止,自有他的道理。从前的禅宗祖师,对门徒和同派的后辈,有所谓"印可"的活动,以考验他是否开悟了,是否有偏差邪误,领悟的程度如何? 这无异于一场短兵相接的考验,如电光石火,不容思维拟议,不准落在思而知、虑而解的知解境界里,要求学人当下说出一句表示悟境的话,而这话要从胸臆中流出,是学人切切实实的见解。道一派人与法常的问答,就是"印可"的考验活动;"梅子熟了"是印可后的证明。在同一辈的禅人中,也往往相互勘验切磋琢磨。大梅法常被道一印可后,庞居士犹自半信半疑,要亲自前往加以勘验。

法常正在坐禅,忽然听到侍者禀报说,又有一位居士从马大师那里赶来拜会。法常很是纳闷:最近是怎么回事,不断有人上山来参拜问禅,马大师处的人为什么也来得如此勤快,这位庞居士与我交谊并不深厚,他此行的目的又是什么呢? 不管怎样,还是先见见再说吧。

法常在禅房会晤庞蕴。双方合掌问讯完毕,茶尚未冲好,略一寒暄,庞蕴居士便急匆匆地问道:

"法常师兄,我久已向往你的禅悟,丛林中盛传马大师所说的'梅子熟了'这句话,不知梅子是不是真的熟了?"

法常思忖:这位庞居士机辩迅捷,非同小可,我以前虽然没有与他切磋交流过,但现在看他词锋犀利,直截了当,丝毫不拖泥带水,真是好身手,果然名不虚传,可不敢掉以轻心! 于是振作起精神,昂然地说:

"确实是熟了。但不知你向何处下口?"梅子熟了,有下口品尝之处。如果证悟了,与万物浑然一体,你又如何下口,如何能试探勘验呢?

这庞蕴果然了得,针锋相对地说:

"还不是咬碎了吃下去!"

可惜,虽然庞居士迥非常流,但在这个问题上的见解仍是迷头弄影的假象。于是法常迅猛快捷地伸出手说:

"既然这样,快还我梅核来。"梅子熟了,才能圆融无碍,且还我真实的大道来!

庞蕴一愣,略显局促。两人目光相遇,彼此会心,仰天哈哈大笑起来。

左右弟子们还没有听明白,一场舌战已告结束。高人交手,快捷如电光石火,变化莫测,但看主客两人的神情,他们也能猜出几分,于是一颗紧紧悬着的心也放了下来。

庞蕴在大梅山住了几日,与法常诗茶相佐,谈禅论道,便又如闲云野鹤般地飘然而去,下了山,他才松了一口气,感叹道:

"这法常确是彻见真悟。马大师真老辣,他老人家的印可,毫无差失。这梅子熟了,殊非易事,不知费了多少参学之功,多少保任之力,才达到了成熟。"

触类是道而任心

石头路滑

这一天,讲法结束后,道一回到禅房,更换了几件衣服,放松了一下。今天听他说法的人特别的多,所以,他必须洪声朗语才能保证所有听众都能听清楚,这样耗费的气力就更多。内衣里面已是汗涔涔的,前额上也渗出了几颗汗珠。道一先用温水擦了一下脸,侍者将刚沏好的新茶端上来。

茶杯上袅袅升起一缕热气,热气中还散发出淡淡的幽香,望着热气升腾,道一陷入了冥思。

"马大师。"

有人轻轻呼唤,道一似乎没有反应。

"马大师!"

来人再次唤道。

道一缓缓睁开双眼,舒了一口气,徐徐地问道:

"有什么事?"

"弟子邓隐峰欲向师父辞行。"

这位邓隐峰,俗姓邓,是建州(今福建建瓯)人,听说幼年时就有些呆气,父母对他也不太管束,听任他自由活动,他提出要出家,父母也没有阻拦。他来马祖门下已有一段时间,但一直没有获得印证。今天又要辞行,不知到何处去。道一关切地问:

"你打算到什么地方去?"

邓隐峰双手合十,恭敬地答道:

"弟子想去湖南衡山,拜会石头希迁。"

道一眼中浮现出笑意:

"石头路滑呀!你可知他是有名的利机锋?诸法不可言说,诸佛都在心头。恐怕你还没有学到什么,就先东滑西倒,落了个嘴啃泥!"

"师父您放心,我会竿木随身,逢场作戏!成佛之路无坦途,就是滑倒摔几跤又何妨?我自会小心留意的。"

道一见他如此自信,拊掌一笑,同意了他的要求。

其实邓隐峰此去的意图并没有完全向道一说出。他过去常听人们说,马祖与石头是"江西湖南两大士",认为这句话虽然有些抬高石头希迁,但毕竟还承认江西与湖南平分秋色,势均力敌,都是南宗禅的两大重镇。最近听说希迁的弟子到处散布说"石头是真金铺,江西是杂货铺",他听了这话非常不满,就想前去试探虚实,看看希迁到底有什么能耐,他的铺子中究竟卖什么货色。有什么了不起,兵来将挡,水来土掩,哪怕滑倒摔跤也无所畏惧!

邓隐峰晓行夜宿,经过长途跋涉,心中还盘算着石头的禅法究竟如何活络,他应该如何对接,不知不觉就到了衡岳。

邓隐峰攀上那块大石上的庵寺,穿过翠色欲滴的菩提树林,来到希迁的住所。当时希迁正坐在禅床上,邓隐峰便绕着禅床走了一圈,将手中的那柄锡杖朝地下一扔,振荡出"铿铛铿铛"的响声,紧接着劈头就问:

"请问石头大师,这是什么宗旨?"

邓隐峰的嗓门很高,刚才又是憋足了劲喊出来的,声音在室内嗡嗡回响。

石头禅师却纹风不动,好像世间生老病死从他面前密密跑过,任人间万象白云苍狗般变化无穷,他全没听见、全没看见一般,径自望着空中叹息:

"苍天,苍天!"

邓隐峰见希迁不露一丝破绽,一时竟不能理解石头这话的意思,无从破解。伸手挠了挠头,颓然退下。

第二天,邓隐峰再次向希迁提问:

"请问石头大师,怎样才能与大道契合?"

"我也不能与道契合。"

"究竟该怎样才能与道相合呢?"

石头和尚反问道:

"你被这个问题缠了多长时间了?"

邓隐峰听了,知道自己落入了虚妄的见解,就不再言语,在石头那里暂时住了下来。

　　　　　　　　　　　　　　马驹——道一传灯录

这天,希迁出去锄草,邓隐峰紧紧跟在他的后面,站在左侧,叉手而立。希迁扬起铲子,朝邓隐峰面前铲了一株草,邓隐峰灵机一动,便说:

"石头大师只铲得这个,铲不得那个。"

希迁提起铲子,邓隐峰接过来,顺手也铲起草。希迁模仿着隐峰的腔调说:

"你只铲得那个,可不知道铲得这个。"

邓隐峰无言以对。只好返回江西,见了道一,把经过向道一讲述了一遍,道一听了,摇了摇头,心想:这个邓隐峰,偏偏执着于表相,不懂得用自己的心去接近石头禅师的心。石头所说的"苍天"就是指虚空,代表着自性。石头的根本法门就是心体灵昭,湛然圆满,你果然在石头路上滑倒了!道一语重心长地开示邓隐峰:

"我早就提醒你石头路滑,不要大意。你偏偏不信。现在,你只管再去问,等他回答时,你就嘘嘘两声。"

邓隐峰听了道一的话,恍有所悟:石头所说的"苍天",原来是指虚空。他不肯用言语来触犯"空"字,所以用"苍天"来代替。但"苍天"二字,毕竟是有了言说。这次我只管再去,如果他还是"苍天苍天",我就遵从师父的吩咐,对着他嘘嘘两声。虽然"嘘嘘"也指虚空,但比起"苍天"来,更不落言筌,不涉理路,我要看看石头如何破解!

邓隐峰遵从道一的吩咐,再一次来到衡岳,兴冲冲地到了

希迁的住处,绕着禅床又走了一圈,然后振锡大喝:

"请问石头禅师,这是个什么宗旨?"

石头和尚仍不答话,寂然不动,最后噏起嘴,两唇之间留下一个狭道,气流从中间喷出,如幽篁摇曳振动,又如松涛起伏鼓荡。

"嘘——嘘——!"

邓隐峰见此情景,一下子怔住了!本来想嘘他一番,没想到石头反而先嘘了他两声,他的嘴唇仿佛被胶黏住了,没法再嘘,也想不到其他回答的方法,如同一只败下阵来的公鸡,悻悻地退了出来。

邓隐峰没有敢再停留,连夜下山,山水迢迢,昼夜兼程,直奔洪州马祖道场,垂头丧气地将始末讲给了道一听。道一仰面朝天,哈哈大笑:

"我一再向你说过石头路滑的啊!石头向你嘘嘘,表明佛法都在不言不语之中。邓隐峰啊邓隐峰,可叹你追随我这么长时间,却离开了现量情景,不懂得随机变化,只知生搬硬套为师的说法,总是落在别人后面!佛法须活参,师说也应当活参,不能执着!"

这一番话对邓隐峰震动很大,他辗转反侧,一连好几天都没有睡着。

已展不缩

"收工喽!大家歇息一会儿,快来喝茶水,吃斋饭吧!"

饭头师不停地呐喊,但劳作的僧众仍没有停下手中的工作。饭头师瞅着这场面,灵机一动,来到道一面前,以近乎央求的语气说:

"师父,您老人家快歇息一会儿吧。您不是常说,饥来吃饭困即眠,即是佛禅无上法。您老人家不来吃饭,其他弟子也不敢僭越,我们主厨的也无法完成任务……"

"好啦,好啦,我歇息就是,大家也休息一会儿,喝点茶水,吃点干粮吧。"

道一笑吟吟地招呼徒弟们,自己也停下了手中的活儿。将这块山地平整出来,又可以多种一些庄稼和菜蔬。每次出工,道一都亲自参加,从不落后。农禅合一,是洪州宗的一个传统,这一传统后来被马大师的弟子百丈怀海所发扬光大,形成了"一日不作,一日不食"的宗旨。

道一毕竟年事渐高,岁数不饶人,干活儿时与弟子们说说笑笑,还不觉得累,等休息的时候,身体像散了架似的,不由自己支配了,手脚也不能随意屈伸了。所以道一便在路旁坐下,腿脚展开,感到酸软无力。

邓隐峰将车子上盛满的土倒掉,推着空车走来。自从两番赴衡岳与石头对机受挫后,在道一的开示下,他已获觉悟,认识到自性便是主人,从此不再为外物所拘,表现出独立奔放、无畏无惧的精神风貌。

车子推到了道一的身边,邓隐峰见道一仍伸直双脚,大声说道：

"师父，请您将脚收回。"

道一已看见邓隐峰推车过来，本想将脚缩回，让车子经过，但突然间他又决定不将脚收回了。他发现，自从邓隐峰两次与石头对机，回到这里后，修为确有长进，只是尚不知他对禅法的领悟到底达到了何种境界，何不趁此机会，再试他一下？但假如这愣头青真的从我身上碾过，可就痛煞老汉我了……唉，顾不了这么多了，佛为了觉悟众生，宁愿入地狱，我受点皮肉之苦，又有什么了不起？罢了，罢了！

于是，道一笑眯眯地对邓隐峰说：

"腿脚已伸展开，不能再缩回！"

邓隐峰本以为听到他的话后，师父会将脚缩回，没料到师父偏偏不理睬他，故意不缩脚。他和其他弟子一样，对师父以高龄参加繁重的体力劳动很不忍心，知道师父此时确实很劳累，若在平时，他就会将车子顺势停下。但是今天，他看到师父眼中漾着一种异样的神情，既像是期待，又像是一种挑衅。于是，他又重复了一遍：

"师父，请您将脚收回。"

"已经伸展开，不能再缩回！"

道一笑眯眯地重复着。邓隐峰看出，师父表面上在故意为难他，实际上则是在考验自己。这时，其他师兄弟们也都将目光投过来，关注着事态的发展。还有好事者走近围观，睁大了眼睛。

邓隐峰的心里好生为难:将车子推过去,碾伤师父的脚,这太残酷了,就是别人不责备他,他也会一辈子谴责自己。但如果将车子推回去,就证明自己临机退让,修行失败,岂不白白辜负了师父多年的栽培?师父呀师父,您老人家也太过分了,用这样残酷的方式考验我,太为难自己,也太为难弟子了!他的眼睛里露出了坚毅之色:师父啊师父,为了迎接您的考验,弟子就不客气了,得罪之处,还请您多多担待了!想到这里,邓隐峰脱口而出:

"已经前进了,不能再退转!"

这句话一说出口,邓隐峰就憋着一股劲儿,眼睛一闭,将车子推过去,碾伤了道一的脚。

虽然是空车,虽然车子距道一只有一箭之遥,但邓隐峰推起来仿佛有千斤之重,经历了千山万水,所以浑身瘫软,大口大口地喘气。

道一感到邓隐峰的车碾了过来,脚上钻心般疼痛,头上豆粒大的汗珠渗出,心里却喜不自胜:这愣头青,终于敢碾压我了!

道一拖着碾伤的脚,一瘸一拐地走回禅院,拎了一把斧头,又深一脚浅一脚走过来,脸色铁青,厉声喝道:

"刚才碾了我老汉脚的浑小子,快站出来!"

邓隐峰一看这阵势,心里没了谱,知道今天闯了大祸,但转念一想:自作自受,我既然碾了你的脚,你要我的脑袋,我就赔给你。于是他站了出来,并把颈子伸得长长的。

道一把斧头举起来,又轻轻放下,他用手摸了摸邓隐峰的脖颈,仰天大笑起来。

虽然道一的脚上仍很疼痛,但心里却非常满意,喜滋滋的。

选官选佛

由汉南通往长安的官道上,走来了一位书生,气宇轩昂,仪表不凡。他的身后跟着一名书童,也面容清秀,衣服雅洁。书童牵着两匹马,马上驮着书籍和行李。夕阳西下,将旅舍的招幌映得红彤彤的。书童停下马,对主人说:

"少爷,这一家客舍不错,我们就在这里歇息吧?"

主人点头允诺,书童便忙着系马找房间。

主仆两人整整赶了一天路,又饥又困,用完餐后就歇息了。

那书生头刚挨枕头不久,便恍恍惚惚。忽然,他看到白光满堂,心里非常奇怪:太阳不是落山了吗,怎么又出来了? 要是月光,也不会有这样明亮? 这非日非月之光,究竟是什么光呢? 这时,他隐隐感到远处还有一股清香,随风幽幽飘来,馥郁弥漫,历久不散。

第二天一早起来,他对晚上的梦仍记忆犹新,但百思不得其解。正好客店中有一个占卜算卦的老人,书生将晚上的梦境详细地讲给老人听。老人为他起了一卦,卦象出现后,老人沉

思了半天。那书生急欲知道结果,催问老人究竟是何征兆。老人便对他说:

"客官,恭喜你了,这是解空的祥瑞呀!"

那书生仍不理解,他还想进一步追问,但老人已飘然而去。

书生暗暗思忖:老人所说的"空"究竟是什么意思呢?难道是暗示我这次赴京赶考徒劳无功,空手返故乡吗?不,决不会的。我幼承庭训,知书识礼,诗赋也很不错。最近,又特意将那考试科目中规定的三礼(《周礼》《仪礼》《礼记》)、三传(《左传》《公羊传》《谷梁传》)、《易》、《书》、《诗》,连同《文选》都细细复习了一遍,都已烂熟于心,怎能落空呢?何况,既然是"空",又怎能说是祥瑞之兆,何喜可贺呢?他苦苦思索,仍不能破解这一奇梦。

书童已将行李收拾好,提醒主人准备赶路。书生正准备动身,忽然听到一个声音:

"请问这位秀才,行色匆匆,打算去哪里呢?"

书生循声望去,说话的人似有五十来岁光景,目光如炬,精神饱满,一看就不是俗胎凡骨。书生本能地感觉到,对方是一位修行禅法的高人。

"我要去长安,参加今年秋天的大考。"

那书童也赶忙插了一句:"我家少爷要赴京城选官去。"

"长安道窄人拥挤,长安乌云蔽白日。选官,哪能比得上选佛?"

触类是道而任心

书童嘴快,听了这人的话非常不舒服,就抢着代主人回答:

"你这位大和尚,大概没有去过长安吧?人家都说长安是天子脚下,太阳整日不落,阳光普照,九衢大道如天上的街市,怎能说道窄呢?"

"青莲居士李太白游长安而歌《行路难》,长吟'大道如青天,我独不得出……行路难,归去来!'大呼上当。当今才如李太白者恐怕不多吧?即便选中了官,又能怎么样呢?沉沦下僚,拜迎长官,鞭挞百姓,横征暴敛,于心何忍?更何况仕途之险,如履薄冰,越走越窄,越走越险,又有什么可羡慕的呢?"

书生听了这话,觉得对方见解不凡,不由得对他生起了几分敬意,恭敬地问:

"选佛?什么是选佛?"

只见那禅僧呵呵一笑:

"公子啊,你是真糊涂呢,还是假糊涂?"

书生躬身一揖:

"便算我真糊涂吧。但这又有什么办法呢?男儿在世,理当封侯拜相,光宗耀祖。虽然我知道真正的人生不在名闻利养途上,可是,不从仕途上求出身,我又能做什么呢?并且,我还不知道,选佛究竟有何好处?"

"选佛可以跳出三界,超越生死,灭除一切烦恼,获得无穷智慧!"

书生本是利根之人,听了这话,如梦方醒:

"请问选佛当往何处?"

"如今禅宗曹溪门下的第二代有位道一禅师在江西弘法,登高而呼,四方僧俗云集响应,比肩接踵,人称马大师,又称马祖,他的道场被称为选佛之场。我见你体貌清奇,颖脱尘表,或许是一个大根器,你不妨去看一看。"

那书生听了僧人的这一番话,心中翻腾不停:放弃功名前途,十多年的青灯苦读付之东流;父母的期望和嘱托,朋友同学的仰慕,一切的一切都要落空。对于佛法,我并不反感,偶尔翻阅一些佛经,也颇能感到义理精深玄妙,难窥其奥,但要我立即放弃功名,实在不是一件容易的事……

忽然,他又联想到昨天晚上那个奇异的梦,白光满室,清香弥漫,又想起了占梦老人所说的"解空之祥瑞"这句话。噢,对了,这个"空"原来竟是指佛学的空门,理解了空门可得祥瑞,悟解万物皆空,遁入空门更可获祥瑞! 梦、占卜老人、禅者……啊!这简直太奇妙、太不可思议了。莫非这一切都是因缘聚合?

书生苦闷已久的问题忽然贯通,心头的疑云被阳光射穿,一片亮堂。

他于是果断地让书童拨转马头,打道南下。书童觉得奇怪,便问:

"少爷,您不是要去长安赶考吗? 不走这条路朝哪儿走呢?"

"不去长安选官,现在要去江西找马大师选佛。"

书童听了主人的话,反倒迷惑不解了。

我子天然

书生一路山程水驿,风烟云岚,兴冲冲地来到江西。拜见了马祖道一禅师,说明了他的来历和打算,并用手拍了拍头,表示愿意削发为僧。道一饶有兴致地听完他的叙说,盯着书生上下打量了半天,摇摇头:

"你的机缘不在我这里,在石头禅师那儿,去吧。"

"石头?"书生知道,这石头在南岳衡山大石台上结庵而居,禅法也很高超,与马大师齐名。但马祖为什么不愿意点化我,而要我到石头那里去呢?唉,去就去,问那么多做什么?

这书生又千里迢迢来到南岳,拜见了石头和尚,说明来意。他本以为石头会给他一番开示什么的,使他能言下顿悟玄旨,没料到石头竟然对他说:

"著槽厂去吧!"

"著"是安置,"槽厂"是马房、牲口棚,这是当时丛林里的习惯语,禅师同意收留弟子,安置僧舍,称作"著槽厂去"。

书生拜谢石头,住在行者的房中,每天烧火做饭,早上起来是工作,到黄昏日落以后还是工作。除了工作,就是读经,闲来静观石头希迁的言行举止,似乎也别有所悟。

就这样,书生在石头座下,一住就是三年。

有一天,石头和尚对弟子们说:

"今天都去佛殿前锄草。"

书生听了这话，忽有所悟。等到众人都携带工具出去铲除杂草时，书生就用盆盛满水，端到石头和尚面前，自己将头洗净、擦干，双手捧着一把剃刀，在石头前面跪下。石头和尚见状，点了点头，为他落了发，又为他开示了几句话，可还没说上几句，书生却双手掩耳跑开了。

他这一跑可就又跑回了江西，再次参拜马大师。到了马祖道场，还没来得及施礼参拜，便径直跑进僧堂，骑坐在僧堂中央所供奉的圣僧像的脖颈上，旁若无人。道一门下的僧众们，见这厮狂悖无礼，一个个惊得目瞪口呆，还有人一边朝外跑，一边喊叫：

"不得了，不得了，大胆狂徒骑圣僧像了。"

那人一口气跑到方丈室，气喘吁吁地向道一禀报。道一听说有人骑圣僧像，也感到意外，急忙赶到僧堂观看。道一一见这骑圣僧像的年轻僧人不是别人，正是几年前求自己接引的儒生，不觉微笑：

"好一个我子天然！"[①]

那书生"扑通"一声从圣僧塑像的脖子上跳下来，合十稽首，向道一礼拜说：

"感谢大师赐我法号。"

① 书生得法号天然，各种禅宗史料说法不一。《祖堂集》《宋高僧传》说由石头命名，此从《景德传灯录》及《五灯会元》。

道一似是无心，又似是有意地问他：

"你从什么地方来？"

"三年前，我从江西到了衡岳，如今我又从衡岳回到了江西。"

道一关切地问：

"石头路滑，你跌倒了没有？"

书生自信地回答：

"如果我跌倒了，就不会再来大师这里了。"

从此，书生便以法号"天然"闻名丛林。他后来在天台山华顶峰住了三年，又去杭州参礼了径山国一禅师。元和年间，来到洛阳龙门香山，与伏牛和尚为友。

有一次，朔风怒吼，大雪纷飞，天然来到慧林寺，找来找去，都没有找到可以取暖的木柴，冷得他直打哆嗦。情急之下，他将木雕的佛像，投到火中，于是烈火熊熊，室内一下子暖和起来了。天然怡然自得地烤火取暖，有人将事情经过告诉了院主。院主听后气急败坏，大声呵责：

"为什么要烧我的木佛呢？"

天然若无其事，用杖子拨动着火中未燃烧完的木头块：

"我要烧出舍利子。"

那院主感到又好气，又好笑，便说：

"这佛像是木头做的，哪来的舍利子呢？"

"既然是木头做的，并非真佛，又没有舍利，那么就再取两尊来烧!"

　　那位呵责天然的慧林寺院主,因"一念瞋心起,百万障门开",后来反而眉发皆堕落。天然于元和十五年(公元 820 年)春在邓州(治所在今河南邓县)丹霞山结庵,所以人们又称他为丹霞和尚、丹霞天然。丹霞天然和尚大弘马祖禅风,成为马祖最得意的弟子之一。

一口吸尽西江水

运水搬柴

道一门下最著名的居士要数庞蕴了。提起庞蕴,且让我们从头叙起。

衡山南寺东面,耸立着陡峭的山崖,山崖下横卧着一块坦荡如砥的巨石,大石上筑有一草庵。

从远处的山路上走来一位清癯的中年书生,当他看到这大石头和寺庵,便停下来擦了擦脸上的汗,拍了拍身上的尘土,长舒一口气。

"总算找到了!"

这书生叫庞蕴,字通玄,衡州衡阳县(今属湖南)人,家中世代修习儒学,知书识礼,且富有资财。庞蕴自幼便笃信佛教。他曾娶一妻,伉俪情深,恩爱无比,生有一个女儿,夫妻俩视为掌上明珠,并取名灵照。元和年间,庞蕴游览襄阳时,因为喜爱那里的风土,就将家中财物沉入江中,带着妻子、女儿一起过着隐居的生活,妻子、女儿也先后彻悟。前来参谒庞蕴的人很多,庞蕴的名声一天比一天大起来,但他并不以此满足。他听别人讲,衡山南寺的石头和尚希迁,曾受曹溪的法雨沾润,又是惠能门下青原行思的法嗣,著有《参同契》一书,禅法高超,所以他特来参拜。

庞蕴见了石头和尚,礼拜一番。主客坐定后,庞蕴就急切地向石头提问:

"请问禅师,不与万法为侣的是谁?"

这书生虽有征尘染衣,倦色在脸,但眉目疏朗,颇有慧根,值得好好点化。

石头一边想着,一边慢条斯理地吹着茶碗中的浮绿。碗面上微风乍起,泛起了一层层绿色的涟漪。待碗面上风平浪静,石头轻轻地呷了一口,一边用眼斜瞧着秀才。

庞秀才果然有些忍不住了,正想张口说话,石头和尚笑呵呵地用手掩住了他的口。

庞蕴毫无防备,口被和尚堵住,欲说不能,欲却不能。他瞪圆眼睛,面有愠色,但见那和尚嬉皮笑脸,毫无严肃正经之意,只是眼睛中闪现着狡黠的神情。庞蕴的眼睛与石头一相遇,豁然省悟!这和尚堵住我的口,莫非是暗示我禅机玄妙,不立文字,不可言说,只能以心传心,心心相印?于是他平静下来,默然不语。

石头和尚见庞蕴不再言语,于是自己拿起茶碗,示意庞蕴:

"喝茶,快喝茶,这是清明前的碧螺春。"

庞蕴于是就在石头和尚庵中修行。后来与同参石头和尚的丹霞天然友善,两人谈经论道,颇多契合,相见恨晚。

有一天,石头和尚问庞蕴:

"你自从参见老衲以来，日常做些什么，修道的心得是什么？"

庞蕴不假思索："师父还问我什么日常事，您堵住我的口，我无开口处啊！不过，我这里有一首诗偈呈上。"

石头看时，只见原来写的是：

日用事无别，唯吾自偶谐。

头头非取舍，处处没张乖。

朱紫谁为号？丘山绝点埃。

神通并妙用，运水与搬柴。

这首诗偈的大意是说，"道"与"日用事"并无分别，但在"我"能与"道"相合而已。念念头头无有取舍，不存圣凡的分别心，不起净秽的差别念，自然无取无舍，而不会处处乖张，不与这个自性相乖违。朱与紫，不过是名相的差别，是虚妄的假名号罢了。丘山代表自性，绝对清净，没有一点尘埃。悟道以后的境界，纵有神通和妙用，也不过如同运水搬柴等日用事一样平常而已。[①]

石头和尚寻思：这位秀才的悟性果真了得，没有多久时间，进步如此迅速，好一个"神通并妙

① 参见杜松柏《禅门开悟诗三百首》，中国社会科学出版社 1993 年版，第 323 页。

用,运水与搬柴",在日常生活叙述中表达出随缘适性的高远境界,若能入佛门持戒修行,将来定能成为龙象。于是他含蓄地问庞蕴:

"不知你打算穿缁衣持具修行,还是穿素衣带发修行?"

庞蕴想:既然参禅,富贵于我如浮云,生死都已超越,缁素之间又何必区别。无可无不可,随缘适性。但小女灵照尚未成人,如果我持戒出家,又要养育女儿,诸多不便,于是他巧妙地回答石头和尚的问话:

"我愿意追随自己景慕的人。"

顿悟玄旨

庞蕴与丹霞天然起初不认识,两人在石头和尚处住庵,过从甚密。[①] 有一天丹霞对庞蕴说:

"庞秀才,当今禅宗大师,除了湖南石头之外,还有江西马大师。人家都说:'行脚人踏遍千山万水,没有见到二大士就是无知。'你未曾剃度受具,来去自由,学无常师。石头和尚当年曾对怀让禅师说:'宁可永劫受沉沦,不从诸圣求解脱。'石头和尚连诸圣都不屑一顾,你又何必一直

①《祖堂集》卷四说:丹霞天然"初与庞居士同侣入京求选,因在汉南道寄宿次",据此知庞蕴似与丹霞天然早就认识,并曾一同赴京赶考。这里从《景德传灯录》卷八。

在这里逗留呢?"

庞蕴恳切地说:"我也听士林中传说马大师禅法活络,机锋峻烈,杀活自在,景慕问道者如云之集,但不知虚实。既然听你这样说了,我倒真应该上江西走一趟。"

于是,庞蕴向石头希迁和丹霞天然辞别。两人将秀才送到山下,一直来到江边。虽然都是超越世俗之情的洒脱之人,但人生自古惜离别,更何况暮霭沉沉,楚天空阔,仍然免不了执手依依,唏嘘一番。

庞蕴挂一帆孤舟,任江风吹拂,渐行渐远,最后消逝在水天一色之中。

风尘仆仆到了虔州,庞蕴来到道一驻锡的龚公山,向侍者说明来意。

侍者向道一通禀后,将庞蕴带到方丈室。道一抬眼一看,见对方是一位清癯的中年人,很有些灵慧之气。双方合掌问讯毕,来人便单刀直入:

"请问大师,不与万法为侣的是谁?"

——人间万般都是幻,只有生命是真。生命的好坏、空有,要靠自觉,不靠万法。心里没有生命的觉悟,念佛无用,求法也无用。马祖大师,请告诉我:见性成佛的人是什么面目? 如何才能超出万法达到绝对的独立自由境界呢?

庞蕴向道一所提的问题,与之前向石头希迁所提的相同。但今天他的心境与用意,则与以前大不相同。今天,与其说是向道一讨教,倒不如说是在试探道一禅法的深浅。

道一哈哈大笑,端起茶盅敬客。庞蕴见此情景,又联想到上次希迁的举动,担心马大师也来堵他的口,就略作防备,同时生出一丝轻视之心:哼,湖南、江西两大士,伎俩相差无几,不过如此罢了。

"庞居士,不要着急,先喝茶。"

"请问马大师,不与万法为侣的人是谁?"

庞蕴不饶不依,再次提问,咄咄逼人。

道一望着沉淀在杯底的茶叶,微微有些感喟:嗯!这庞居士果然有慧根!自性不与万法作伴,问我不与万法为侣的人是谁,就是问自性是什么。我如果告诉他"自性"就是人的清明本性,是人的真心自在,便又落入言筌了。我如何让他了解"自性"是只能证悟,不能言语的呢?唔,有了!一口可以喝干一杯茶,但一口能不能吸尽西江水呢?根本不可能!不,完全有可能!只要证悟了自性,就可融贯万法,一口吸尽西江水与一口吸尽茶杯里的水又有什么区别呢?

想到这里,道一呵呵一笑:

"居士,等你一口吸尽了西江水,我再告诉你!"

庞蕴听毕道一的话,蹙眉沉思片刻,忽然大悟,感喟不已!看来马大师果然如人们所传说的那样不同寻常,他令我顿悟玄旨,而他自己却优雅闲适,嘶风弄影,禅机无限!

庞蕴眼中的阴云顿去,脸色突然清朗起来,躬身行礼,匍匐前

江西赣江远景，马祖道一曾在江两岸弘法三十多年

行，连称"师父！"

道一微笑着，夕阳的余辉洒在他的身上，从背影看去，活像一尊青铜古佛。

弄巧成拙

庞蕴自从得道一开示后，便留下来住在寺内，参承马大师，前后两年多时间，颇多证悟。

有一天，庞蕴随侍道一，道一问道：

"庞居士，你上山随同老衲一起修证，已有些日子了，不知有何心得?"

庞蕴望着寒潭中隐约的古刹倒影,参差错落,北风将塔铃和钟磬声一齐送来,悠悠扬扬,一片古雅,直贯耳底,惬人心意,便说道:

"师父,我想用几句诗偈表达我的这种感受。其一是:'十方同聚会,个个学无为。此是选佛场,心空及第归。'"

"好一个'选佛场'!据说你的朋友丹霞天然来找老衲时,也有僧人告诉他此处是选佛场。你们都是在恭维老衲,其实并非我江西道场特殊,而是佛法无比,吸引了大家来这里。第二首呢?"

庞蕴又用他的湖南方音款款念出来:

"有男不婚,有女不嫁。大家团圞头,共说无生话。"

道一点头称是:"果然有心得。"

庞蕴趁势又问:

"不隐藏本来面目,请大师高处着眼。"

道一闻此言,把眼睛阖成一条细缝,凝视着地下的绿茵。

芳草芊芊,百卉吐艳,蜂蝶忙忙碌碌,翩翩起舞,拈花惹草,虽说是为了自己采蜜,但也使得花粉得以传授,绿色便以这种方式得以延续和扩展。花开花落,纷纷扬扬,如雨丝,又似雪霰,枯萎下去的落红,化作肥沃的春泥,孕育着另一个绿色的季节。

庞蕴忽有所悟,禅者的观物方式与众不同,他放弃了习惯的推理方式,超越了名理概念和日常思维,所以日常的方位、距离、度量、高低、远近、大小、尊卑、贵贱、美丑等被扭转了,便情不自禁地赞叹道:

"一等没弦琴,唯师弹得妙!"

道一却又把眼睛阖成一条细缝朝上瞧着,只见天空如大海,碧波万顷,闲云悠悠,沙鸥没入浩荡中。

庞蕴欣赏着师父的体态动作,如野鹤舞翅,矫然翩然,自由自在。这一下一上,真是圆通无碍,禅趣无穷。于是恭恭敬敬地向道一合十行礼。

道一随即回到方丈室,庞蕴尾随其后,并给师父沏好茶,双手奉上:

"师父,我刚才弄巧成拙。但是我还有一个疑问,想请师父开示。"

"请说吧。"

"水本来是至柔至弱之物,又无筋骨,但却能经得起庞大而又沉重的船只压迫,这是什么道理呢?"

道一看着沉淀在杯底的茶叶,不禁有些感叹:这庞居士虽说脱落凡俗,但却没能领悟现量思维的精要,现量是一种纯感觉知识,是人的智力离开纷扰,并且不错乱,循着事物自相所得的知识。[①] 唯有现在现成,才能显现真实,一触即觉,不加思量计较。而庞居士仍拘于比量认识,这是由记忆、联想、比较、推度等思维活动作用,

① 关于现量的解释,参见石村《因明述要》,中华书局 1981 年版,第121 页。

　　　　　　　　马驹——道一传灯录

由已知经验推到未知事物的一种间接知识,是一种独头意识,妄想揣摩,如何能体悟禅要呢? 且让我再点拨他一下。

于是,道一展一展眉毛,慢悠悠地回答:

"这里既没有水,又没有舟船,还说什么筋骨?"

马驹踏杀天下人

一脚踏倒

其实，水潦和尚在未获印可之前并不崇拜马大师，认为道一一会儿讲"即心是佛"，一会儿又讲"非心非佛"，怎能这样糊弄人呢？佛究竟是什么，如何修证才能成佛，他并没有切实指示呀。

但水潦的看法后来渐渐发生了变化。他见四方学人络绎不绝云集开元寺，方镇大员、郡县长官无不对道一顶礼膜拜，据说京城里的皇亲国戚也对他毕恭毕敬，他究竟有什么魅力呢？水潦和尚想探一探虚实。

"哼，常言说'不入虎穴，焉得虎子'，我就闯一闯开元寺，看这马大师究竟有什么能耐？"

水潦和尚半是安慰，半是给自己鼓励。

进了开元寺，他也没有让人通禀，直奔方丈室。一眼就看见有个老者正与几个沙弥说话，水潦猜想那老者就是马大师，于是也不寒暄介绍，打断了他们正在进行的谈话，大方地说道：

"想必老和尚就是马大师吧？请问如何是达摩祖师西来

意？和尚如回答得好，我便做你的徒弟；如回答得不好，我扭头就走！"

道一展了展寿眉，睁大眼睛瞅着来者，暗自思忖：这厮虽然狂悖无礼，倒是一头好水牯牛，可惜尚未驯化，且待我调教调教这野牛犊子。于是他脸色顿时大变，平时的和颜悦色、婆婆心肠荡然无存，威风凛凛，厉声喝道：

"何方狂徒，在此撒野？还不快快礼拜！"

水潦本来就心虚，又被道一这一声吼叫所震慑，立刻心虚下来，于是本能地合十稽首礼拜。

道一瞅准了机会，说时迟，那时快，他向前跨了半步，飞起一脚，正踏中水潦胸前，将他踏倒在地。

周围的几个沙弥着实吃惊不小，师父刚才还如春风和煦，陡然间便化作狮子吼。看着水潦的模样，他们又想笑，又不敢出声。

道一泰然自若，拂了拂衣袖，扬长而去。

再说水潦躺在地上，半天没有反应过来。他万万没有想到，这老汉竟如此厉害，出脚如此迅速，让人无法防备，丝毫不拖泥带水，这哪像是禅师，倒像是一个拳师。他还说我粗野，他简直是粗暴。咦，他怎么还没有回答我的问题呢？我不是白白吃了他一脚吗？嗯？不对，他回答了，他用脚回答了！噢，我明白了！禅宗的微妙法门便是不立文字，直指人心，这老汉不是踩到了我的胸口吗？这不正是在暗示我佛法不可言说，祖师西来意不可言传吗？

突然,水潦和尚觉得在马祖的一踏中,有什么东西从自己的身上脱落了,那该是无始劫来的尘埃污垢吧!他陡然觉得,自己以前的意识,像是一只黑漆桶,经马大师这迅猛的一踏,桶底脱落,天光四射,整个身心一片亮堂!

水潦于是站起身来,看到沙弥们笑,他也跟着哈哈大笑,并拍着手喊道:

"真神奇!真神奇!百千法门,无量妙义,只向一毫头上,识得根源去!"

然后,朝着道一离去的方向,深深礼拜,抚着胸口咳嗽了几声,飘然而去。

水潦住山后,还经常回忆起这一次经历,神情激动地对众人说:

"自从一吃马师踏,直至如今笑不休!"

负柴禅趣

道一在江西弘法,石头希迁在湖南衡岳静修,恰如两峰并峙,二水分流,又如松风比籁,水月齐晖,学人往来于江西湖南两地,称之为两甘露门。

有位参学僧先是慕名来到洪州,与僧众一同听道一上堂说法,未获开示。又听僧众们议论衡山石头禅师细密简捷,空灵活络,于是便又山一程水一程,匆匆来到石头禅师的寺庵,参拜石头禅师。

石头禅师见有新来的僧人参拜,便笑眯眯地问:

"大德从何而来?"

"我从江西来。"

"参见过马大师没有?"

"参见过。"

石头听参学僧回答,沉吟起来:这人既见过马大师,那么是已获开示,来此勘验,还是不得马大师禅要,所以才想改换门庭的呢? 待我点拨一下,他如慧根不浅,自能领会;他如不能领会,那么说明我与他缘分未到,就任其自然吧。

于是,石头仍笑眯眯地指着旁边的一根橛柴,郑重地问:

"马大师像不像这个呢?"

只是一根普通的木柴,或许是桧木,或许是杉木什么的,只是一根普通木柴。

参学僧被石头禅师问得眉头紧紧打了个结,拼命思索:

名满天下的马祖道一大师,竟是一根木柴?

石头禅师这是说木柴可以取暖,马大师以禅法给人间带来光明吗?

一根木柴,从种子长到幼苗,变成树干,翼然浓荫,发挥生化作用,调节空气,保护土壤,形成景观;砍下来转换形象成为桌椅、门窗、屋梁;焚化后焦沃大地,培壅地气——自生至死,形象时时在变,很难说哪个阶段是真正的木柴,一条生物链不能分割,都是,抑或都不是。禅或人生,不也是这样无面目的面目吗?

也许石头别有用意呢,新来的参学僧这样想。想了又想,就是答不出来。

石头禅师更不答话,含笑而去。

参学僧离开了湖南,又回到了江西道场,向道一说明原委。道一半天没有吭声,他知道南宗禅虽然很兴盛,但许多禅客并不得要领,不懂得在自性上下功夫,而是到处奔波,学些皮毛,拾人牙慧,却仍沾沾自喜,并以曾参拜某某大师向人炫耀吹嘘。丛林中歪风邪气盛行,已成积弊,如不及时革除,将会影响曹溪大法的声誉。道一耐心地听完参学僧的叙述,悠然一笑:

"那一根木柴有多大?"

那僧人一边比划,一边解释说:

"那根木柴好沉好大。"

道一皮里阳秋,也随着僧人的口气说:

"那你力气真大呀!"

僧人疑惑不解:马大师的话又是什么意思呢? 他眨了眨眼睛,咽了口唾沫,问道:

"请教师父,您这话是什么意思?"

一阵寒风掠过,道一的心头泛起了悲哀——禅,真是不能搬弄口舌是非,一沾即坏。禅必须透过一切声色,不摄不散,心如悠游安详的亭云,没有生死、静乱、苦乐的差别妄情。扬眉瞬目,语默动静,都可以表达奥妙的真理……道一截断思维,笑着点化学僧：

"你居然能从湖南衡山把这块大木柴搬到江西来，难道力气还很小吗？"[1]

那僧人跑来跑去，忙忙碌碌，但他实在不明白：马大师说我把木头背回来了，我两手空空，哪有什么木柴？

他只好苦笑一声，搓了搓双手，耷拉着脑袋离开了。

道一看着僧人远去的背影，也摇了摇头，发出了一声绵长的叹息。

石头与道一的意思，其实很简单。石头在湖南弘扬禅法，道一在江西弘扬禅法，名扬天下。一根木柴从湖南背到江西，岂止力气大，且正好为"石头宗"和"洪州宗"搭桥梁。石头固然路滑，但有马祖一根无相无状的木柴，撑着行，还怕它路滑不路滑？只可惜，这僧钝根，当面错过了两次大好机会。

不道长短

有一位僧人听丛林中传说马大师阐化江西，遍传禅法，门庭繁茂，弟子如云，颇不以为然，于是也想弄清虚实，看个究竟，便千里迢迢，赶到

① 本则公案旨趣的解释，参见吉广舆《人生禅》，中国青年出版社1994年版，第70页。

了江西洪州道场。

他看到马大师的弟子并不死读经书，也不苦行修持，越发生起轻视之心。他随僧众听马大师升堂说法，眉头一皱，计上心来。

却说道一说法结束后，正欲离开，只见这位僧人赶到面前，合十稽首说：

"师父暂且慢行，在下有所请益。在下听师父说法，颇受启发，但尚有一事不明白。"

道一淡淡看了这位僧人一眼，发现自己并不认识，他本想托词回到方丈室休息一会儿，但见那僧人微笑之中荡漾着一丝狡黠，周围没有散去的僧人也都围拢过来，想看个究竟，于是他轻轻点头示意那位僧人提问。

谁知那位僧人却没有直接提问，他弯下腰，伸出手指，在地上画了起来。

听讲的僧众觉得很好奇，越发围了个水泄不通，瞪大眼睛观看这位僧人的表演。

只见那僧人先画了一条直线，又接连画了三条直线，其中第一条比后三条要长。

然后他沾沾自喜地说：

"不得说前一画长，后三画短，请马大师回答。您若能答出，我便拜您为师，随您修行；您若答不出，我立刻离开洪州道场。"

僧人的神情中颇含挑衅的意味。

道一环视附近的围观者,又见那僧人洋洋自得,心中暗忖:这厮好生厉害,是想故意让老汉我难堪,你虽然嘴上说不得道一画长,三画短,要离绝长短的分别,但你还是太稚嫩了,操之过急,露出了破绽,且看老汉我给你回答!

于是,道一也模仿那僧人,在地上画了起来,但他只画了一笔,就直起腰杆儿,拍了拍手上的尘土,笑盈盈地看着那僧人:

"这位大德不是说不得道长短吗?我已回答了你。"

围观者和那位僧人瞅着地下的那一画,都傻了眼,莫名其妙。过了半天,他们才恍然大悟。

是啊,这一画没有参照比较的对象,所以这究竟是长还是短,是上还是下,是正还是反,是善还是恶,是肯定还是否定,是有形还是无形,是相对还是绝对,都无关紧要,一切都超越了。这不正是大师刚才所讲的"不取善,不舍恶,净秽两边俱不依怙"吗?

围观者抬起头来,再看那位僧人,脸上一会儿红,一会儿白,额头上沁出一颗颗汗珠。

道一没有再言语,他边走边笑,随着人群飘然离去,笑声却回荡在法堂之中。

马祖圆相

应真本是南阳慧忠国师的侍者,后来在吉州耽源山驻锡,所以人们又叫他耽源和尚。

正如道一的弟子与石头希迁的弟子互相往来于江西湖南一样,道一的弟子与慧忠国师的弟子也经常往来参请。

这位耽源应真小师父有一次行脚远方,来到道一的洪州道场。道一听说是慧忠国师的弟子,没有怠慢,赶快召见。

道一心想:好久没有听到慧忠国师的消息了,这位耽源小师父肯定带有慧忠国师的书信,但为什么侍者没有讲呢?或许这位小师父办事机警,要将书信亲自交给我。

道一让侍者给这位小师父冲茶,他自己双目微闭,悉心静听小师父的寒暄和参请。

孰料等了半天,没听到说话的声音,道一感到奇怪:这位小师父不知又在玩什么小把戏。他微启双目,但见这位耽源和尚在自己的面前画了一个大大的圆圈,然后合十礼拜,跨脚站入圆圈内。

道一寻思:画圈本是我接引学人的方法,上次智藏赴杭州径山道钦禅师处,我曾在信纸上圈一圆圈,道钦看毕便在圈内用笔点了一点,又封好让智藏给我捎回。我画圆向他示意天地乾坤之圆满,他画点则是回答人为天地之心,因此是大全大美之圆相。如今这小师父竟然又在我面前玩弄圆相。于是他不禁脱口问道:

"小师父,你莫非是想要作佛?"

那耽源应真却冷不丁地回答:

"我不能够揑眼生花。"

"揑眼生花"就是搓搓眼睛,生出星星点点的幻景。

道一暗忖:真是后生可畏,这小师父识度明敏,不乏空慧,待我再点拨一下,看他能否开悟。于是道一微微一笑,鼓励着说:

"我不如你呀!"

这耽源应真听马大师这么一说,反倒乱了阵脚,不知该如何是好,支吾了半天,也回答不出来。

道一看出小师父的窘态,轻轻地摇了摇头,心中叹息了一声:"可惜呀可惜!"

耽源应真当时虽没有回答,但据说后来开悟后将画圆这一机法发展为九十七个圆相,作为纵夺接杀之用。沩仰宗的沩山灵祐和仰山慧寂二位禅师的接引方法,主要得力于耽源。耽源的圆相得之于南岳门下,最后又还归南岳门下的沩仰宗,形成了另一个大圆圈,这也是一段因缘。

道不属修

"马大师,门前有位长者自称是从四川来的,要拜谒您,您看是见还是不见?"

"四川?那是从我的故乡来的,要见,要见,快快有请。"

道一离开故乡多年,一直未能回去,乡园多故,不能不牵动客子之愁,尤其是端午、中秋、重阳、春节等重大节令时,更容易勾起对往事的回忆。虽说现在他已入佛门多年,断绝了世俗伦常之情,但往事如烟,每逢佳节便弥漫开来。现在有故乡的客人来,正好询问一下故乡的人事,以慰乡愁。

侍者将客人请进来,那人一见道一便稽首礼拜:

"在下黄三郎拜见马大师。"

道一见这位客人满头银丝,大概已到了古稀之年,便赶忙搀扶这位长者:

"老前辈免礼了,快请坐。"

孰知道一的双手搀扶长者,但竟然扶不动,只见长者立在那里纹丝不动。道一暗暗吃惊,深知长者定力很强,于是笑着问道:

"老前辈今年高寿?"

那长者谦逊地笑了笑,一边打手势一边回答:

"不敢,不敢,在下仅仅八十有五。"

道一觉得好笑:这老汉八十五岁了,竟然还说自己不老,但是根据他的内功来判断,修持得还真不错,看来真的是山外有山,人上有人。

道一正欲与长者叙一叙乡情,这时侍者又进来了:

"禀告马大师,门口又来了一个和尚,非要见您不可。"

"你就说我有客人,改日再见。"

道一眉头微微一皱。

"那僧人不停地嚷嚷着,非要现在进来不可。"

道一面有难色,正欲拒绝,却听得四川来的长者说:

"不碍事,不碍事,你就让客人进来吧,让在下也开一开眼界,看马大师究竟是如何开示学人的。"

道一只好点头示意。侍者将僧人唤了进来。

那僧人也没有在意有其他客人在场，略一寒暄，便直奔主题：

"恳望师父慈悲，请问什么是修道？"

道一和颜悦色，耐心解答：

"道不属于修，如果说道能够修得，那么修成后还会损坏，这就好比声闻那样。然而如果说不修道，那就又等同于凡夫了。"

那僧人听了道一的这番话，似乎仍不得要领，于是眨了一下眼睛，咽了一口唾沫，接着问道：

"既然是这样，那么如何才得合道？"

道一见这僧人仍然不能跳出名理概念的窠臼，执着于言语，便想将他的思维给扭过来，于是他不耐烦地说：

"我早不合道了。"

这钝根僧人仍然不依不饶，喋喋不休地继续提问：

"那么，请问师父，究竟什么是达摩祖师西来意？"

道一见连续点拨了两次，这位僧人仍然不能开悟，心中寻思：这僧也真是个钝根汉，知情的人会笑你痴愚，不知情的人还会笑老汉我的禅法无用。

于是，道一向前赶了两步，对着那僧人又是拳打，又是脚踢。

那僧人猝不及防，被动挨打，一边躲避，一边讨饶：

"大师不要打，大师不要打。"

"哼,你这钝根汉,我如果不打你,恐怕你永远不会开悟,天下的人还会嘲笑我呢!"

道一一直将那僧人打出了方丈室,听到背后有人哈哈大笑,方才回过头来。

原来是那位长者,只见他拍手称赞道:

"好啊,果然名不虚传,马大师的禅法好生厉害,在下若是不遇到大师,就枉度此生了。见你刚才的精彩场面,真好比利刃划空呀!"

道一淡淡地一笑:

"让前辈见笑了。若真如前辈所言,也不过是委运自然,随处任真罢了。"

道复何说

宝积来到洪州听马大师说法,总是不得要领,每次上堂完毕,对道一的心要和其他师兄弟的接机,都感觉领会不深。

每当看到马大师对其他人满含期许的目光和称赞的言语,一批又一批的师兄弟获得印可后都纷纷告辞,另立山头,各领风骚,他越发坐卧不宁,参禅时自然心绪不定,意念杂乱,收效甚微。

这一天,他干脆离开道场,在洪州城中漫无目的地信步闲走。他虽然来洪州多年,但整天不是听讲便是读经,此外就是坐禅,很少出来观赏街市风光。

马驹——道一传灯录

洪州城物华天宝,人杰地灵,控三江而带五湖,往来流动的人很多,市面上非常热闹。红男绿女,人声鼎沸,货物品类繁多,琳琅满目,争奇斗艳。与道场中修行的清静冷寂,形成了强烈的对比。

宝积来到一条街市上,但见一摊全是肉铺,肥胖的老板满脸堆起肥肥的笑,殷勤地招揽顾客,但手中明晃晃的尖刀则让人感到有些心寒。

宝积见此情景,本能地想躲闪过去。忽听有一顾客冲着肉店老板喊道:

"喂,老板,将精肉割一斤来!"

这肉店老板笑着对顾客说:

"喂,客官,您看看,哪个不是精的?"

宝积虽然离开了,但那肉店老板的话却一直在他耳边回荡。他自言自语地说:是呀,哪个不是精的?

宝积继续朝前走,忽见一队白衣白裳的人,一路哀号。他知道这是出殡的队伍,纸钱撒开,像雪片似的纷纷扬扬。那唱挽歌的一边振铃一边唱道:"红日注定沉西去,不知魂灵往哪方?"那些孝子们则在白幕下捶胸顿足,悲痛欲绝。生命的终结就是以这样貌似强烈而又规范的仪式,不断地被重复,而又永不停止。变而未变,不变而又变。

宝积忽然身心踊跃,顿时生起了一种莫名的冲动。他三步并作两步,赶回道场,向道一禀报他参悟的经过和体会:

"马大师，通过今日外出，我领会了一个深刻的道理。"

道一慈祥地看着他：

"且说说，你领会了个什么道理？"

"一是'哪个不是精的'，这句话说得太好了。人生下来，有种种痛苦，种种不如意的事，种种失落。求之不得是痛苦，甚至如愿以偿也是痛苦。当一个愿望实现之后，人就会感到厌倦无聊，感到痛苦，从而生起又一个更大的愿望。因此，人生像风箱一样，在求之不得的缺乏、痛苦与心愿已了的两端扇过来扇过去。而这一切，都是根源于分别心。有了分别心，就有高下长短、贫富贵贱、得失顺逆、悲欢离合，从而挑肥拣瘦，评短论长，从而将好端端的生命扭曲了。事实上，'花枝无高下，人心有短长'。什么是高低，什么是美丑，什么又是肥瘦？现在，当我用'哪个不是精的'的平等心来观看事物时，一切都是肥的，一切都是精的！乳酪醍醐，本是一味；瓶盘钗钏，融为一金。面南看北斗，海鱼山上游。一切的一切，都如此美妙，妙不可言！"

道一微笑，颔首。

宝积得到了道一的鼓励，于是更加流畅地说了下去：

"再一则就是'红日注定沉西去，不知魂灵往哪方'，浮生苦短，如露如电，如梦幻泡影。即使再辉煌，也终不免沉入西山，归于尘土。生命是如此短促，如此美丽，因此决不能行尸走肉般活着，而要活出意义，活出价值。可到底什么是生命的价值，死后的灵魂到底向何处去呢？这是摆在每个参禅者面前的问题,必须投入整个人生和全副精神,才有参透的份! 大彻大悟,明心见性,将生命化作一朵净莲,这才是我们禅门的终极关怀和奋斗目标啊!"

道一静静地听宝积讲完,没想到这位平时沉默寡言的青年,竟然一下子滔滔不绝,颇多创见,于是他微笑着印可了宝积的禅悟。

得到了大师的心印,宝积也离开了洪州道场。站在舟上,回首洪州,但见寒雁横南浦,斜阳默默无语……

虚空讲经

亮座主也是蜀人,他在离开四川之前就听说了马大师的弘法事迹,便云游各地,追踪马大师的足迹。

他先到南岳观音院马大师坐禅的旧地瞻仰,俯仰徘徊,颇有所悟。之后,又披星戴月,赶到闽地的建阳佛迹岭、抚州西里山、南康龚公山,在每一个地方都逗留了好多天,想象马大师的风仪、精神。最后,他终于来到了洪州开元寺,见到了这位景慕已久的传奇式的乡贤。

道一这天讲了一天经,本来已经很累了,听说又有蜀地僧人来参访,便顾不得休息,满心欢喜,让人将他请进来。两人寒暄一番。聆听着久违的乡音,似乎回到了遥远的过去,回到了童年的故乡,道一很高兴。看到这位同乡风仪超迈,天资聪颖,经论谙熟,谈吐不俗,心中暗暗赞叹。又听说他追慕自己,沿着自己当年出峡的路线,把自己的路走了一遍,最后才来到洪州,心里很感动,有心要度化他。

茶烟轻扬,道一开门见山:

"听说座主擅长宣讲经论,听众如云,观者如山,座主滔滔不绝,语惊四座,是这样的吗?"

"不敢,不敢!大师过奖了。"亮座主慌忙谦逊地摆摆手。

道一微微一笑:

"只是我还有一个疑问。"

"疑问?"亮座主不知道一的疑问是什么,忙问:"是大师对我过去的讲说有什么不解的地方吗?请大师慈悲,指点出来。"

道一摇了摇头:

"不是对你讲经的具体问题不明白。我的疑问是,不知你座主用什么来讲经论?"

亮座主心想:这个问题提得太古怪了。莫非这老汉又要糊弄人不成。讲说经论,自然是用口、用言语讲。但如果我这样据实回答,恐怕要遭他嘲笑,甚至会吃他的掴击嘴巴、当胸踏倒、扭转鼻头,据说这都是洪州派的看家本领。怎样才能圆满地回答这个问题呢?亮座主灵机一动,冲着道一说道:

"我不用口,不用言语,而是用心来讲经。"说毕,脸上流露出自矜的神情。

道一暗忖:这个亮座主还算聪明,只可惜悟境仍差一层。他

并不知道所谓的心也是幻相,是不可以执着的。一旦执着了,仍会落入妄想分别的境界里面。也罢,且让我再点化他一下:

"心如工伎儿,意如和伎者,你怎么能用心来讲?"道一反问道。

亮座主有些沉不住气了,他觉得有点不可思议:你不是说过,即心即佛,所以我才回答用自心来讲,何错之有? 而现在你偏偏又说我错了! 亮座主的脸顿时涨得通红,高声争辩道:

"师父这话实在令人费解。不能用心讲,难道能用虚空来讲吗?"

道一见亮座主情绪激动,便微微含笑,不温不火地回答:

"你说得对,恰恰是可以用虚空来讲!"

亮座主越发坐立不安,嘴里还不停地嘟囔着,最后干脆拂袖而去。

看到亮座主猴急的样子,道一仍然风度闲雅地坐在那里,毫不在意。当亮座主抬脚准备走下台阶时,道一陡地召唤了一声:

"座主!"

这声音并不很高,但内力充足,气势慑人。亮座主听后,暗吃一惊,不由自主地回过头来。

"是什么?"

道一接着又是一声大喝! 这一喝好生了得,简直如雷贯耳,亮座主感到浑身都炸裂了,裂成一块块碎片。他顿时觉得自己的肉身一下子变成了一堆烂肉,如同一具骷髅,如同一缕气泡。在这骷髅、气泡中,他忽然看到了晶莹亮洁的自性,净裸裸赤洒洒圆陀陀,似一颗水晶般圆啭流畅。他蓦地大悟,赶忙恭恭敬敬地俯下身来,向道一礼拜。

道一故作不知,不露声色地问他:

"你这个蠢家伙,究竟为什么又向老汉我礼拜?"

亮座主不好意思地笑了,笑得那样的谦卑:

"我潜心佛理,精讲经论,自以为当今之世,无人可匹。今日被大师一问,顿觉我平生自以为有多了不起的诸多功业,一时间全化作了一缕青烟,了无痕影。真是惭愧,惭愧!"

说完,又向道一行了大礼,拜谢而退。

亮座主再也没有在四川出现过。若干年之后,有知情的人说,在云雾弥漫的洪州西山见过亮座主,但向他请教时,他却只字不提佛法,一改滔滔不绝的故态。因此,也有人怀疑他不是亮座主,起码不是以前的亮座主了。

有人跟道一说起这件事时,道一拊掌大笑:

"好,好! 参禅正需要脱胎换骨。恭喜他连骨头都变了!"

六耳不同谋

法会是一位很勤勉的僧人。他修习禅法,持之以恒,不苟言谈,不知倦怠。平常总是念诵着经文,诵经时口到心到;不停地翻阅律论,贪多务得,细大不捐。别人休息的时候,他也不休息,似乎从来不知道累似的。无论是春花秋月,还是溽暑祁寒,他都不为所动。就这样夜以继日,年复一年,花开花落,春去春回,不知熬过了多少辛勤岁月。

但是,他对佛法仍然没有直觉的体悟和领会,禅仍然是仓库中的资产、书架上的经典,尚未变成他自己的血肉。不管他下了多大力气,始终不能突破最后的禅关。

他感到很苦恼,不知怎样才能大彻大悟。看来,只得向马大师求救了。

这一天,说法大会已结束,僧众们纷纷离开。法会瞅准机会,虽然他有些腼腆,但还是鼓起勇气,挡住道一的去路:

"请师父慈悲,弟子仍然不明白,什么是达摩祖师西来的意旨?"

道一看这位僧人气宇轩昂,谈吐文雅,也听说过他精勤修炼,锐意进取,颇有自己当年在南岳传法院的志气,就有心度化他。道一想:如果再用怀让禅师当年度化自己的方法,不免模仿他人伎俩;但如果只是用言语来点拨,恐怕仍然不能让他开悟。道一寿眉微蹙,渐渐有了主意。他左右顾盼,见有些弟子正在驻足观望,便神秘兮兮地对法会说道:

"低声!莫让别人听到。站到面前来,我对你讲。"

道一打了下手势,示意法会走过来。

法会见大师如此厚待他,好生感动,毫不迟疑,来到道一身前,躬身俯首,准备垂听教诲。

说时迟，那时快，道一伸出嶙峋的老手，一巴掌掴在法会的脸上，五条血印便立刻出现在后者的面颊上。

法会只听"啪"地一声，脸上热辣辣的，耳中余音缭绕，不绝如缕。

"法会，六耳不同谋，三个人就无法保全秘密了。你先回去，明天再来。"道一的语气仍然是那么神秘。说完，他若无其事地走了。

法会好不可怜，在众目睽睽之下，吃了师父一记耳光，而且没有得到任何印证。他只好捂着半边脸，回到僧房。

法会一宿不能入睡，辗转反侧。好不容易挨到第二天一大早，远远听到雄鸡唱晓，他便盥洗完毕，推门出去。

此时晓风拂面，残月渐渐隐退，东山上霞光万道，曙色绚丽。

法会吸了一口清凉的空气，头脑也渐渐清醒了。他恭立在法堂门口，静候马大师的到来。此时人们还没有起来，寺院里仍然静悄悄，长长的夜幕还没有完全掀开。

远处传来了咳嗽声，法会知道是马大师来了，心中紧张了一下，不知道师父今天又要怎样糊弄人。

法会堵住道一的路，执拗地说：

"现在，请大师回答什么是祖师西来意？"

道一端详着法会，见他如此执着，又是爱怜，又是无奈，摇了摇头说：

"你先回去，待我下堂时，再告诉你。"

法会听了这话,心一下子沉了下来,如同被浇了一盆冷水。他感到非常委屈,一种羞辱之情油然而生:师父为什么屡屡捉弄我,莫非我的修习有什么不对头之处?

"六耳不同谋,六耳不同谋……"法会反复咀嚼着昨天师父说的这句话,突然之间明白了一切!

——原来,经书只不过是写在纸上的文字,而不是真理本身。如果只是向经书中寻求开悟,就会与真正的悟远隔千山万水。佛禅的大法,是直指人心,见性成佛,教外别传,不立文字!我过去修持只在文字典籍上下功夫,不能明心见性,又想从别人那里寻求开示,想把耳食之言当作真理。这又如何能彻见大道呢?当年佛陀在灵山会上拈花,迦叶尊者破颜微笑,禅就这样从佛陀的心上传到了迦叶的心上。佛陀说了什么,迦叶又听到了什么?佛陀什么也没有说,迦叶什么也没有听到!佛陀咐嘱迦叶的禅意,就是不立文字,不可言说。所以马大师屡次回避言语,目的是为了防止我以耳食之言作为真理的本身,防止我陷于语言文字的沼泽。师父对我,真是恩重如山啊!

法会豁然开悟,满面欢欣之色。

道一说完法,从法堂里出来,看着站在门口的法会,等着他提问。但此时的法会,什么疑问都烟消云散了,整个人化成了一抹云烟,云烟深处,传出一个圆畅的声音:

"谢谢大师的印可!"

说完,这抹云烟弥漫开来,绕着法堂转了一圈,又一圈,之后,向远方渐渐飘去。

看着法会远去的身影,道一露出会心的微笑。他那沟壑纵横的脸颊,被曙光染得彤彤红。那一簇髭须,在晨风中微微抖动,活像一片如丹的枫叶。

识取本心

道悟上龚公山拜谒马大师,是乾元三年(公元760年)的事。

道悟俗姓崔,是荆州渚宫(在今湖北江陵市)人,他十五岁出家,二十三岁受戒,三十三岁时赴衡岳参拜石头和尚,虽然多次承蒙石头指示,但并没有开悟。后来,他又去拜访南阳慧忠国师,仍不投机。慧忠的徒弟应真对他说:

"既然在这里不能得道开悟,为什么不去江西参见马大师?"

"马大师?"

"是的,马大师。这位马大师在江西弘传佛法,传播如来最上乘的心法,不立文字,精深玄妙。也许你在马大师那里能够获得开悟。"

道悟听了,跃跃欲试。正好应真奉慧忠国师之命,给马大师送信,于是两人结伴而行,赶往虔州龚公山。

道悟拜见道一后,将自己先后拜谒石头和慧忠国师的经过叙述了一遍，然后苦恼地说：

"请马大师指示，我听说求佛有渐顿两途。虽然现在有不少人认为渐修禅法不足取，但我对顿悟禅却一点儿也不了解，更不用说得其门而入了。真不知应该怎样修持才能顿悟成佛？"

道一见道悟是一个大根器，有心开示，所以故意顾左右而言他。他对道悟大谈自己当年出三峡下江陵的经过，还绘声绘影地描述了在荆州码头上听到有人唱荆州艳歌俚曲的细节，谈到了荆州旖旎动人的自然风光。

道悟见马大师没有正面回答他的问题，而是故意躲闪，不知他葫芦里卖的是什么药，只得硬着头皮听他海阔天空随意扯下去。最后，他实在忍不住了，只好打断马大师的话，将刚才的问题又重复了一遍。

道一见道悟如此性急，就没有再与他绕圈子，而是话锋拨转，单刀直入，一针见血：

"成佛之道，根本用不着修持！只要你记住自心本来是佛就足够了！超越、泯灭真实与虚幻、顿悟与渐修、神圣与凡庸这些名理的区别，就会保持心体湛然不动，使各种德行圆满，处处都能投入至情至性。这不是语言文字所能表达的，也不是别人所能替代的，须自己去亲身体悟，所以我不愿越俎代庖！"

道悟听了马大师这一番开示，灵机迸发，顿契玄旨，急忙稽首拜谢。

道一语重心长地嘱咐道悟：

"你既然已经获悟,又曾先后得到石头希迁和南阳慧忠两位大德的点拨,[①]就不必四处乞讨了,应充分显露出自家本色。你如果住山,也不要去别的地方寻觅,我看荆州的风光就很适宜你静修。"

道悟心中思忖:荆州于大师而言是他乡异地,于我则是家乡,是本心、本地、本色,修持当于此处用功夫。

于是道悟辞别马大师,返回荆州,驻锡城西天王寺,当时的人都称他为天王道悟。道悟门下有龙潭崇信,崇信传德山宣鉴,宣鉴传雪峰义存,义存传云门文偃,遂创立云门宗,金色婆罗花又开出葱郁的一叶。[②]

① 贾晋华则认为道悟先后师从径山法钦、马祖道一、石头希迁,"三遇哲匠",并未专属哪一家。见贾晋华《古典禅研究》,香港:牛津大学出版社 2010 年版,第 65 页。

② 道悟法系之争,是禅宗史上的一宗悬案,说法纷纭,迄今仍无定论。本节主要依据丘玄素《天王道悟塔记》,参见《全唐文》卷七一三。关于道悟法系之争,可参见(日)忽滑谷快天《中国禅学思想史》,上海古籍出版社 2002 年版,第 193—210 页;葛兆光《中国禅思想史——从 6 世纪到 9 世纪》,北京大学出版社 2000 年版,第 298—300 页。

哲人入灭归石门

山水清旷

贞元四年(公元 788 年)正月,大地春回,万物复生。冬天的单调与郁闷,经过春节锣鼓爆竹的喧嚣,渐行渐远,很快消失了。春节自古以来便是四季岁时的最重要节日,隆重、热烈、狂欢,而且持久。人们仿佛不满足于除夕的一眠枕两年,硬是将这一节日拉长,从腊月二十日的筹办准备开始,要忙碌近十天;踏入正月的门槛,便是集中的消费、享受,每天都有新的内容:正月初一为鸡日,初二为狗日,初三为猪日,初四为羊日,初五为牛日,初六为马日,初七始为人日。人日形成了第二个庆贺高潮,人们用七种菜做羹,妇人家还要用彩纸剪成人形,雕镂金箔,或贴在屏风上,或戴在头发上,或作为互相馈赠的小礼品。到了正月十五日元宵节,又形成了第三个高潮,家家张灯结彩,酒食祭祀,人神共乐,喜气洋洋。入夜之后,火树银花,堪与天上的星星媲美,狂欢的人群又要闹上整整一夜。

开元寺毗邻繁华市区,每年春节后,市民进寺内烧香许愿,官绅们纷纷找道一求佛问法,络绎不绝。这样,虽然香火旺盛,

江西南昌佑民寺(原开元寺)

但也造成了寺院里人声鼎沸,喧喧扰扰,活像一个大集市。这样的环境,当然不利于清净修持了。

道一素来喜好幽静,特别是名声一大,前来求佛问法的人一天比一天多,道一整日忙于接引点化他们,累得筋疲力尽,根本就谈不上清净了。越是不能清净,道一对清净的向往之心就越是强烈。所以,这年春节一过,道一就带着智藏、智通、慧海、怀晖、惟宽等入室弟子,悄悄离开洪州城,搭船沿着赣水北去,想休息几天。

山一程,水一程,行行重行行。道一与一干弟子来到了彭蠡湖(今江西鄱阳湖)。彭蠡湖烟波浩渺,水天相连。沙鸥点点,自由自在地翱翔;白帆片片,悠然自得地游弋。纵目远眺,令人神远意清。

道一率众弟子泛舟彭蠡，看到如此波澜壮阔的景象，胸襟也为之开阔。饱览湖光山色之后，一行人舍舟登岸，来到建昌（今江西永修）一带游赏。

　　出建昌西南而行，地势越来越陡峭，层峦叠嶂，高耸入云，连绵不断，接续如环。众人攀援着登上山顶，放眼远望，见远近几州的山川土地，都在坐席之下。绿树与白水相萦绕，远处的山峦似蚁堆，全部一览无余。道一与弟子们看着看着，竟不知什么是大自然，什么是肉体的自我。精神与肉体都与浩无际涯的自然契合无间，向着碧蓝的天空飘去，飘去……

　　道一与弟子们沿着山间小径而下，山溪泻珠玉，古木藏鸟语。绕过一段又一段盘山路，视野忽然开阔，地形重新变得平坦，柳暗花明又一境，清旷幽雅非人间，简直像到了桃源仙境似的。

　　道一自从离开洪州后，兴致一直很高。他风度闲雅，虽然已到了古稀之年，但腰不弯，齿不豁，精神矍铄。道一童心未泯，兴致犹存，偶尔还与徒弟们说几句俏皮话，使整个旅程充满轻松欢乐的气氛。道一攀山下坡时，不要弟子们搀扶，自个儿拄着锡杖，行走自如，如履平地。每到景色秀丽奇绝处，师徒们便驻足小憩，徘徊其间，侃侃而谈，各自抒发一番感慨。

　　信步向前走去，有一块巨石，拱成了天然的大门。走进石门，但见里面洞壑深邃，奇石林立。低一些的石头，经过溪水长年累月的冲击，洁白如雪，晶莹似玉；高一些的石头，被清风吹拂,白云缭绕,古拙嶙峋,似迷似幻。真是一幅天然图画!

道一在这里驻足良久,脸上露出了满意的微笑,喃喃自语:

"好一片清幽洁静的地方!这里该是我的归宿吧。但愿我这把老骨头,一个月之后能在这里永远待下去。"

弟子们见马大师凝神伫立,赞叹有声,都以为他是观赏景致,触目感怀,并没有特别留意他话中的含义。

日面佛,月面佛

从建昌石门山回到洪州,一路上起伏不平。江西的早春,虽然到处都能看到绿意,但气温仍然没有回升,潮湿阴冷,天上阴云不散,飘飘洒洒,像是山岚,又像是雪霰,但落到地面都变成了水珠。山风吹拂过来,连同那雨雪的混合物一起,黏附在人们身上。

大概是一路的劳顿和风寒,道一回到开元寺后,便开始不断地咳嗽,发起烧来。智藏给他送斋饭,道一双手颤巍巍地接住。当智藏的手和道一的手挨到一块儿时,智藏着实吓了一跳:师父的手好烫呀,简直像熨斗一样。他定睛一看,只见师父清癯的面容越发苍白,嶙峋的双手显得比平时还要细长,手背上凸起青筋如小蛇盘绕,不觉暗自吃惊起来。

智藏心中隐隐作痛,五味翻腾:师父为了弘扬佛法,舍身忘己。各地的施主来,不论贫富贵贱,他都一律平等对待。四方的弟子和学子问法，他总是苦口婆心，尽量开示，让他们获得觉悟。而他自己有了病，从来不求医问药，每次都是靠修持来抵御。只是，随着年龄增加，用禅坐抵御疾病，对身体元气消耗很大。这些，外人虽然看不出来，智藏心里却清清楚楚，感动不已；为了弘阐佛法，师父呕心沥血。他普施法雨，沾溉着芸芸众生，而他自己的生命却似一条干枯的树藤，越来越缺乏营养和水分了。

"师父，还是请一位医生给您诊断一下，开几剂药吧？"

"不碍事，不碍事。"

道一摆一摆手，固执地拒绝了徒弟的请求。

智藏知道自己说不转师父，便将师父的病情告诉院主。院主也知道道一很倔强，凡是他决定的事，别人再去劝说也没有用。他搓着两只手，在寮房内踱来踱去。智藏抚摩着头顶，眼睛一亮，计上心来，他对院主说：

"医书上讲望、闻、问、切，看病的时候，除了切脉之外，还有望气、闻声、问病的方法。据说医生在宫中给宫女看病，或是在富人家给内眷诊病时，也不能与病人直接见面，而是设帐问诊，照样可以看病。我看不妨让郎中在方丈室外暗中观察，我们再将大师的症候告诉郎中，由他斟酌后开方配药。不知院主以为如何？"

院主沉吟了片刻，同意了智藏的方法，但仍然皱着眉头。

"难道这个方法还有什么不周之处？"

院主摇了摇头：

"这个方法本身倒没有什么不好。只是我担心，即使医生开了药，马大师仍然不会服食，又有什么用呢？"

智藏眨了眨眼睛，狡黠地笑道：

"可以将药掺在斋饭和汤水之中。"

院主犹豫不决：

"这样做是否妥当？师父知道了，恐怕要怪罪我们的。"

智藏慷慨激昂地说：

"如果能让师父的身体好起来，再重的责怪我也愿意承担！"

"好吧，那就试一试吧。"

智藏依计行事，在洪州城寻访到一位享有盛誉的名医，说明情况。那郎中向来对马大师敬仰有加，听了智藏的话，慨然允诺，来到方丈室外，暗中观察了道一好几次，然后又问了智藏、院主等人道一的病症。可出乎大家的意料，这医生虽然一向以果断灵验著名，医铺里也挂满了患者赠送的"妙手回春""起死回生""华佗再世"之类的牌匾，这次却犹豫再三。他虽然听了，看了，但总觉得不踏实，迟疑了半天，才开出了处方。

这也难怪。因为这次诊治的是万人敬仰的马大师，万一有什么差错，朗中自忖如何担当得起？所以一向果敢快捷的医生，这次就迟疑不决了。不过，他对自己的医术仍然有十二分把握，等情绪平静下来之后，才将抄好的药方交给智藏。

智藏依方抓了药,在砂锅里煎熬,先用武火,再用文火。煎好了之后,掺在斋饭和汤料之中,然后端给道一,院主也陪着进去,看马大师吃饭。

院主见道一虽然有病,但并没有躺下,仍然跌坐静修,非常感动,他关切地问:

"师父,感觉怎么样了?"

道一凝视着窗外,久阴初散,天色格外晴朗。青山隐隐,溪水迢迢。白云缭绕,清旷寂寥。两行白鹭在空中变换着队形,一会儿飞成人字,一会儿飞成一字,一会儿又飞成十字。道一心想:这正是踏青游春的好时光,什么时候我能够再次和弟子们一同登临胜迹,观赏天地美景、自然化育? 特别是在这春天的夜晚,踏流光,玩水月。皎皎一轮,涵映万川,光射六合,最能触引人的灵性禅机。这时不必求禅问道,而禅道溶溶,洒在人身上,照到人心中……只是这肉体的生命太短暂了,谁也难以摆脱造物的幻化。即便潇洒倜傥如王羲之,在他的《兰亭集序》中也仍然要说"修短随化,终期于尽"。这是多么令人遗憾的事啊! 但是,纵使这肉身成土成尘,灰飞烟灭,而我们的一真之性,这生命的灵性,却不会随着肉身的消亡而消亡。生命是一场幻戏,而情深一往、通达乐观的人会勘破生死的大关。既已参透了生死关,不管活多久,都能体悟到生命的真正意义。只有这样,才能生如春花之绚烂,死如秋叶之静美……

看到师父闭目无语,嘴角泛着一丝微笑,智藏又重复问了一句：

"师父,感觉怎么样了?"

道一从渺远无极的思绪中回转过来,平静而从容地答道:

"日面佛,月面佛。"

院主和智藏都是灵醒之人,一点就通。月面佛的寿命只有一昼夜,而日面佛的寿命则是一千八百岁。师父已参透生死大关,置生死于度外,已品味出人生三昧,所以面对疾病死亡能如此潇洒从容。不管活多久,都很安详自在。

智藏心头一热,忙给师父端上斋饭。道一接了过来,刚要落箸,忽然嗅到饭里有一股草药的气味。他感到意外,再看院主和智藏左边一个,右边一个,轮番劝说他快快用斋饭,更觉得奇怪,再联想到今天中午有一个身影在窗外闪来闪去,他当下就明白了,一股暖流涌遍了全身:智藏十三岁时来到抚州投在自己门下,机警聪慧,腿脚灵便,办事老成持重,应对得体。每次自己派他到别的大德那里送信酬对,他都能不辱使命。本来自己已给他密付心要,让他在龚公山住山另辟宗门,但他仍然苦苦要留在身边,这么多年,跑前跑后。今天为了自己的病又绞尽脑汁,真是太难为他了……

道一故作不知,将斋饭和汤料全部吃光、喝光。尽管他感到药味非常特别,气味呛人,简直难以下咽,但他还是非常高兴,仿佛每吃一口都甘甜如饴,好像是这辈子吃得最香的一顿饭。

院主和智藏四目相视，脸上露出了会心的微笑。

大师圆寂

道一患病期间，从刺史李兼到洪州城四众，都为他担着心。听到马大师的病渐渐地好起来了，大家这才松了一口气。智藏与院主还背着道一及寺内僧众，专程去回谢了城里的那位医生。

二月初一这一天，道一起得特别早，精神也比平时要好一些。他一一检查了寺内僧众弟子的修持情况，规定的经书是否都认真读过，有哪些会心之处，抛开经书又有哪些觉悟，对几位

佑民寺（原开元寺）大雄宝殿

修持得比较好的,他还一一点拨,使他们早些开悟。这是开春以来,道一精神最好的一天。

他还将智藏、慧海、镐英、志贤、智通、道悟、惟宽、怀晖、智广、崇泰等入室弟子,召到方丈室密付心要,为他们指出了继续修持的向上一路。

道一看到惟宽、智藏、怀晖等人一个个风清骨峻,已由当年幼稚的小沙弥成长为大德龙象,不久便都可以各开禅法,使曹溪禅法遍传天下,心里非常欣慰。自己门庭繁茂,法脉宏盛,还有什么可遗憾,有什么不满足的呢?于是他由衷地对弟子们说道:

"我当年杖锡出峡,从怀让大师修学。承蒙他老人家点拨开示,才使我领悟南禅心要,不至于浑浑噩噩,枉度此生。怀让大师的学问,运用之妙,存乎一心。他的禅法,都是从生命的根本源泉之处流出,涵天盖地,化育天下学人。曹溪一滴清净水,涨起西江十八滩。我是怀让子嗣,你们就是南岳的孙子辈,薪火相续,一灯所传,化而成光明无数。你们肩负着神圣的使命,一定要将佛禅的大法,传承下去,在中华大地上结出累累硕果!"

……

整整一个上午,忙忙碌碌,但道一似乎毫无倦意,谈笑自若。佛陀慈意,婆婆心肠,令弟子们如沐春风,如饮醍醐。

中午,道一稍稍吃了几口斋饭,便让侍者准备热水,说他要沐浴净身。

雾气弥漫，一片朦胧。浸泡在热水中，道一忽然感觉到自己的身体在消融，越变越小，越变越轻，胳膊不见了，脚腿不见了，五脏六腑也不见了，最后连神识也不见了，全部化为蒙蒙的雾气，由浓到淡，袅袅上升，越来越稀薄，直到隐没……

但道一的心中还明白，有一个声音在提醒他：这是幻觉，是虚妄不实之相，你还存在，你有澄明自性，有不坏的法身！另一个声音像雾气一样飘向前来，对前一个声音嘲讽道：这是幻相，但自性也是幻相，本来无一物，万物皆心造。就像医生用刀，割去病人的肿瘤容易，剜掉自己的疮疣却很困难。要想否定自我，超越自我，并不是一件容易的事。

雾气弥散，飘出室外。一阵清风吹来，明灭变幻，上下涌动，毫无拘束，借着风力扶摇直上，升腾到空中。跨在高高的苍穹之上，遗世独立。好大的一片云海呀！道一感到自己从未见过如此奇妙的景观，有的云如羊群簇拥，缓缓移动；有的云如斗牛犄角，俨然怒张；有的云如天女散花，桂香点点；有的云如舞者舒袖，绚丽多姿。咦，日月怎么会在自己脚下？一团火红，在东方滚动；一轮皎洁，在西方徘徊。日月并生，这可是从未有过的奇观啊！背负着青天，向下俯瞰，偌大的洪州城郭，宛如棋局。一幢幢房舍，就是棋盘上的棋子了。那块澄明如玉的亮点，该是彭蠡湖了，只是它怎么如此之小，一泓湖水，竟小得像一杯清水那样……

雾在移动,飘飘扬扬,转眼间又看到了一方似曾相识的棋盘,那又该是一座什么样的城郭呢?

雾在飘散,地面的景观越来越清晰。噢,这不就是故乡什邡县城吗!多少年来魂牵梦萦,如今瞬息便回来了,道一感到自己又回到了烂漫的孩提时代。乡音无改,童稚依然。"那不是马簸箕家小子吗?"[①] "小马驹回来了!"不知什么人高声喊叫,惊动了好多人。父亲和母亲互相搀扶着,也从那熟悉的门里走出来了;亲戚朋友都来探望;儿时的小伙伴们,也一个个围了上来……看到了生身父母,小马驹非常激动,涕泪横流,真想痛痛快快地大哭一场。他努力地控制着自己的情绪,告诫自己:你已入佛门,而且开宗立派,成为一方宗师,不能太沉溺于世俗的感情中了。

不对,不对!父母不是已经故去了吗?我入空门之后,曾先后听闻噩耗,因为弘法事忙,不能回乡奔丧,尽人子之孝心。怎么现在又见到他们? 不对,不对,这是幻觉,幻觉。哦,瞧我怎么啦,说好不哭的,怎么又哭了? 只是,我的眼泪怎么没有了? 那种滚烫滚烫的眼泪怎么都没有了? 哦,我的眼睛都为众生哭干了! 无缘大慈,同体大悲。愚痴冥顽的众生啊! 我为你们流尽了眼泪,

① "马簸箕家小子"的说法,见宋人《圆悟心要》和《五家正宗赞》,贾晋华认为是编造,不可靠,但可证明宋人认为马祖出身贫寒。见《古典禅研究》,第33页。

泪尽之后,眼枯出血。所以,轮到我哭父母时,已经没有了眼泪了! 只是,我的身体怎么如此的冰凉,胸口怎么这样堵塞……

……

雾气散了,侍者将门打开,摸一摸浴水,有些凉了。道一从冥想中清醒过来,发现自己还在沐浴。

"师父,再加些热水吧?"

"不用,该热时就热,该冷时就让它冷吧。"道一雍容地说,声音似一缕游丝。

下午,道一嘱咐侍者说,他要静修一会,不要让人来打扰。侍者点了点头,静静地退了出去。

道一亲自焚起一炷香,结跏趺坐。经过沐洗之后,身体很舒坦,头脑也澄明清静,纤尘不染。屋里是如此安静,安静得能听见自己的心跳,能听见心灵深处的一个遥远而真切的声音:

"自性也是幻相。不,不! 说幻相仍然落入了分别知解,也是一种执着。应该说是非心非佛,非实非幻,非有非无,非法非非法。不,不! 这仍然没有跳脱出言语思维的沼泽。佛陀所传的禅法不立文字,因此只要有任何言语,也就破坏了它的原真状态了……罢了,罢了,我还是不说了……"

道一感到浑身上下有一股暖流,蒲团变成了许许多多纯洁的莲花瓣,托着他向广袤的太空飞升。空中飘洒起霏霏花雨,如繁星般闪闪烁烁。他知道,自己真正进入了无量福慧的大境界,达到了真正的解脱和超越。他听到了清净的梵乐,化成了清净的音符……道一微笑着,缓缓地合上了眼帘……

侍者牢记着道一的吩咐,下午有好几批人来找,他都挡了回去。他想:师父一生说法度人,实在是太累太累了。今天,就让师父清静一会儿吧,不要再打扰他了。什么时候师父喊我,我什么时候去侍应。

可过了好久好久,也不见师父吩咐。透过窗口,能看到道一静坐的身影,似一尊静穆的古佛。侍者仍然不忍心打扰他。又过了一炷香的功夫,仍然没有听到师父呼唤他,他终于耐不住了,走进方丈室,轻轻呼唤一声:

"师父,该用斋饭了。"

没有回答,屋里一片寂静。

停了片刻,他又略微大声呼叫:

"师父,您老人家该用斋饭了!"

仍是一片寂静。

侍者走到跟前,见道一跏趺而坐,双手合十,面带微笑,双目微闭。他又叫了一声:

"师父!"

仍然没有回答。

侍者不敢造次,急忙走了出去,向智藏和院主报告了情况。智藏和院主听了,急急赶到方丈室。智藏摸了摸道一的手,发现两手已经冰凉,沉痛地对院主说:

"马大师已经寂灭了!"

侍者听了这话,顿时泪流满面。

此刻,每个人都觉得天色一片漆黑。[①]

舍利归塔

道一圆寂了。他端坐入定,怡然不动,音容笑貌与平常无异。

这一夜出奇得黑,像墨汁染过一样,天地之间都笼罩在阴暗之中。这一夜也特别漫长,到了平常太阳高升到山顶时分,仍然是乌黑一片。冷云惨淡,寒风瑟瑟。不像是早春二月,反倒像是隆冬腊月的天气。

消息很快传开了。刺史李兼一大早就带僚属几十人一同来吊唁。洪州城里的官绅百姓也纷纷来瞻仰遗容。开元寺门口,人们自觉地排成两列队伍,一列进去,另一列出来,首尾相接,川流不息。

寺僧与弟子们虽然知道马大师圆寂,但还是禁不住忧从中来,连声念佛。

道一生前已经将大法付与住山的弟子。道一圆寂后,弟子们向各方丛林禀报了哀情。百丈怀海、南泉普愿、大珠慧海、盐官齐安、归宗智常、大梅法常这些道一亲自栽培的禅门龙象,或亲自

① 马大师入灭的时间,诸说分歧颇多。《景德传灯录》卷六谓"二月四日"入灭,《全唐文》卷五〇一权德舆《唐故洪州开元寺石门道一禅师塔铭》谓"四月庚辰"入灭。而江西靖安县出土的《马祖禅师舍利石函记》《古尊宿语录》卷一及《文苑英华》卷七八六,均记为二月一日。此据后说。

来凭吊，或派弟子前来代祭。

智藏主持治丧事务。他与慧海、智通、怀晖、惟宽等在寺弟子及从外地赶来凭吊的弟子一同商议说：

"诸位师兄，师父法身，湛然圆满，与虚空俱在，与日月长存。他生前曾几次嘱咐说入灭后，仿效西方佛陀的故事，愿采用荼毗之法焚化。慧海、怀晖等师兄都知此事，我们现在准备遵从师父遗愿，将师父遗骸火化，不知大家是否有异议？"

靖安宝峰寺马祖道场

马驹——道一传灯录

大家默默地点头，表示赞许。

于是，众人在寺内堆集起芳香木的柴薪，采用天竺的荼毗之法，将道一的遗体焚化。

火光熊熊，道一端坐在烈火之中，归向不生不灭的清凉世界。

整个寺院里，异香扑鼻，氤氲弥漫，一连好几天都没有散去。

智藏和其他师兄弟们，庄严肃穆地看着整个过程。在焚化的灰烬中，他们发现了一颗颗美玉般洁莹的圆珠，煜耀闪光。大家知道，这便是大师的舍利子！是马大师从彼岸世界向他们传达讯息的媒介。他们将舍利子拣拢一处，居然有满满一升。

智藏和徒众们恭恭敬敬地将舍利子供养在佛堂中，供人们凭吊瞻仰。

洪州的百姓听说此事，再一次拥到开元寺，都想亲眼目睹闪耀着佛光的舍利子。大家扶老携幼，蜂拥而至，又形成了第二次瞻仰高潮。

道一入灭后，智藏想起师父在石门山所说的话，恍然大悟：原来师父早就预知入灭之期已近，才说了那么一段话。智藏与洪州刺史李兼商量，要将道一的舍利移葬石门。李兼坚决不同意。他还抬出洪州的老百姓，说老百姓也不会答应，最后说：

"我看，最好的办法，就是将舍利永远留在开元寺，以保洪州百姓祥和平安。"

智藏知道李兼对马祖道一的敬仰，也理解李兼的心情，只是考虑到师父生前说过的话，心里十分为难，再三恳求刺史能遵从师父的遗愿。他恳切地说：

"李大人也曾禀承大师遗教，应该懂得对逝者的最好纪念就是遵从他的遗愿，让他能够安息，含笑瞑目。马大师在此地的法化已尽，生前既有所愿，我们总不能连大师的这个小小的要求都不能满足吧？"

李兼沉吟半晌，终于被智藏的话所打动，同意将道一的舍利归葬石门山。

移送舍利的这一天，洪州城的百姓倾城出动，人山人海，哀送马大师，盛况空前。有些百姓还特地从外县赶来。其中从靖安县闻讯赶来的那些百姓，便是道一在瘟疫流行时救活的幸存者。他们成排成队，跪倒在官道两旁。当移送舍利的仪仗队伍经过时，他们不断地念诵着马大师的功德，送别他们的救命恩公。

这次旅程中有一段要走水路，春天是枯水期，溪水清浅，舟船行走速度很慢。智藏等人犯了急，按照这样的速度，恐怕不能如期赶到石门山，整个安排全部就被打乱了。但着急归着急，大家仍是一筹莫展。

正当大家心急火燎之际，忽然间阴云密布，大雨倾盆。

不到半个时辰，溪水上涨，河面宽阔，浩浩荡荡，波澜顿起。下了大半个时辰，天空又渐渐晴朗如初。移送舍利队伍中的僧人、官吏以及百姓无不惊愕，都认为这是马大师的神通感应。

移送舍利子的工作顺利地进行着。当僧众赶到石门山，将道一的舍利放入石龛，距道一正月游览此地恰好是一个月，人们无不称奇，恍然悟出马大师兆言的灵验。

安放道一舍利的石塔，一直到贞元七年七月十七日才最后修成。当时洪州刺史李兼、建昌县令李启、石门法林寺的僧人，以及道一的弟子，都参加了安放仪式。

安放舍利的石函是白矾石质，题记用楷书写就，端庄秀丽，刻于舍利石函侧面，题记上写道：

> 大唐贞元七年七月十七日丙子之时，已故禅宗大师道一和尚黄金舍利，建塔于此地。大师于贞元四年二月一日入灭。时洪州刺史李兼、建昌县令李启、石门法林寺门人等记。

安放好舍利后，弟子智藏、镐英、崇泰等人又与李兼商议，请包佶为道一撰写碑文，权德舆撰写塔铭。包佶素来仰慕马大师的德行风范，满怀深情地撰写了一篇碑文；权德舆则恭恭敬敬地撰写了《唐故洪州开元寺石门道一禅师塔铭并序》。在序文中,权德舆叙述了马大师的生平简况,着重记叙了大师在江西弘法的盛事。他还追忆起自己陪同刺史李兼拜谒马大师,稽首礼拜,粗蒙获举,言下悟旨,心地清凉的一段往事。在铭文的最后,权德舆抚今追昔,感慨万千,将自己参佛拜师的体悟,尽情地表述了出来:

> 达摩祖师的心法,经过历代相传,传到了六祖惠能的心上。惠能大师主张顿悟成佛的修行方法,号召人们于污浊的尘世中保持自性的纯洁不染。禅师们薪火相传,将曹溪宗旨发扬光大,使百姓不至于陷入迷茫蒙昧之中。九江西部的洪州,是物华天宝、人杰地灵的大都会。马大师驻锡开元寺,化度众生,法雨霏霏。江西的道场,是选择纯正根苗、培养佛门龙象、使之成佛作祖的地方,为海内众望所归。这里英才荟萃,星月争辉。大师因材施教,随器指导,学人们各各受益,成就了无上的功德。
>
> 真性无方,妙道如泉,永远不会干枯衰竭。回首浮生,如梦如幻,而大师弘传的佛禅大法,却永远焕发着光彩!大师一生说法,为的就是开发我们每个人的自性。自性若能觉悟,刹那间便可成佛!呜呼!大师已去,万古长空。何处寄哀情?宝塔隐隐,月色溶溶。

元和八年(公元 813 年),唐宪宗令江西观察使裴休重修马祖塔,追谥道一为大寂禅师,[1] 赐塔名为"大庄严"。[2] 从此,这里禅院栉比,梵宫巍巍,大庄严塔高高耸立,修持者四方云集,香火异常兴盛。

① 《佛祖通载》卷十九谓"宣宗赐谥大寂禅师","宣"字当为"宪"字之讹,今从《宋高僧传》卷十、《古尊宿语录》卷一。

② 一说赐塔名"宝峰",见何明栋《马祖道一大师在赣弘法圣迹述略》(《禅》1996 年第 3 期)。兹从《古尊宿语录》《景德传灯录》等。

初版后记

1988 年金秋,我赴山西太原参加全国唐代文学学术研讨会。会议期间,主事者安排代表赴四大佛教圣地之一的五台山参观访问。车抵五台山下,极目远眺,山峦参差,宝塔隐隐。沐浴着霏霏法雨,徜徉于清凉境界,于我心有戚戚焉。后来我在读《宋高僧传》和《景德传灯录》时才知道,南宗禅江西马祖道一门下的邓隐峰曾驻锡五台山,并圆寂于金刚窟前。

我至今还记得,同行之中的辽宁大学孟庆文教授,年近古稀,但仍乌发童颜,精神矍铄,他说自己修习气功,所以能感觉到佛殿中气场很强。我询问这是何故?孟公解释说因历代古尊宿都在此修持,积年累月,便形成了强气场。孟公一边示范一边解说,轻舒双手,放松意念,作接受状,便隐隐感到有一股气流袭来,欲将人推倒。孟公还嘱我试验一下,无奈我浊俗笨重,对气功一窍不通,所以并没有什么强烈的感觉。

当时,我因客居长安,与妻孥天各一方,颇为苦恼,加上研究生毕业后留母校执教鞭,诸事不顺适,抑郁寡欢。故曾在五台山许愿,如能得佛菩萨保佑,度过劫厄,一定要多做一些功德善事,来还此愿。

数年后，我的境遇有所改变，家人团聚，业务亦稍有长进，但五台山所许之愿却一直无缘偿还，故常耿耿于怀，不能释然。

1996年初，言生兄受佛光文化事业有限公司之托，为《中国佛教高僧全集》遴选撰稿人，约请我撰写《马祖道一大师传》。我深知自己贪恚愚痴，俗念太多，尘缘未了，虽雅爱古代文史研究，泛览过佛典中的不少经传灯录，但好读书，不求甚解，游戏三昧常恨欠领会，真如之境更未曾履践，故不敢率尔答应。担心歪曲了大师的法相，误解了大师的法音，岂不成了佛头着粪吗？

后经言生兄的不断鼓励和支持，我还是接受了这一任务。私心以为，撰写《马祖道一大师传》，弘阐古尊宿的行谊风采，为"人间佛教"的普及略尽绵薄之力，也算是一种功德善事，可慰我心。再则，每日盥洗捧读经籍，钻研灯录史传，沾沐法雨，涤除尘垢，温渥心灵，反观澄明自性，发现自家宝藏和本地风光，以圆满自足的一颗活泼泼的平常心来处世接物，笑看人生。于不经意之中，能得此无量智慧，何乐而不为呢？在物欲横流、机巧盛行、污染扩散的当下，能忙里偷闲步入清凉世界，思骛八极，神游佛园，与历代高僧煮茗谈禅、对机接物，心刃划虚空，禅光逬古今，获上乘心法，做无为之人，乐莫大焉。

于是，我穿越尘封的时间隧道，步入马祖道一大师的世界，随着他的足迹，从汉州什邡县来到资州德纯寺，再到南岳观音台、建阳佛迹岭、抚州西里山、虔州龚公山、南昌开元寺、建昌石门山……大师古异的相貌、坚毅的个性、高妙的禅法、活络的机锋,给我留下了极深刻的印象,具有一种难以言说的人格魅力,立体地凸现在我的脑海中。于是我触事忘情,忽来灵犀,产生了为大师传神写照的强烈冲动,试图将大师睿智神异、砥柱中流的宗师风范勾勒出来,让大师真正走到我们大家中间,用他的智慧和机锋来浸润现代人干枯焦裂的心田。

有趣的是,从释迦牟尼佛以来,历代古尊宿包括马祖道一大师都讲教外别传之禅宗不立文字,不借文字,不可譬喻。但笔者却试图用通俗的文字描绘大师的行谊风采,揭示大师的精神境界,不免又落入了言筌。但是,言语、形状不过是引导我们领悟玄旨的工具,一旦步入澄明圆融之境,我们便可以弃筌舍舟,相忘于江海。读者诸君如果在翻阅本书时,能发现自家宝藏、本地风光,对禅学的精要有所体认,那该是对我文字苦役的最好酬答。

1997 年 3 月 18 日于长安

再版后记

　　本书撰写的缘由,我在初版后记中已经简略交待。十多年前的旧作既已脱手,本应与此后的一切判然划开。大有深意的是,我与佛学的因缘至彼时才真正开始,且一直剪不断理还乱。

　　此书完成后的 2002 年,我第一次赴台湾高雄佛光山朝觐,虽未见到星云大师,但对佛光山在佛学研究、图书出版、文献收藏方面有了更多的了解。2011 年夏,借西安举办世园会之际,星云大师仗锡西游,来到古城,我参加了其中两个环节的活动,曾撰短文《吃茶来》(收入拙著《行水看云》一书)记述这些细节。2012 年,李利安兄在西大承办一个国际佛学会议,邀我捧场,席间有位学者询问我是否即撰写马祖道一传记的那位。我没想到十多年前在台岛出版的通俗小册子,竟然还能入学者的法眼,让我既惭愧又感动。

　　更大的机缘还在后面。马祖道一故乡什邡县(今改为县级市)文化部门,获知我曾撰写道一传记,拟策划一次高规格的学术会议,会前专门到全国各地向专家请益,他们一行到了西安,特地来见我,并委托我召集西安地区的文史学者,在西安宾馆举行专题研讨会,就如何开好学术会议献计献策。他们本想自已加印本书,听我讲有版权限制后,遂嘱我另外撰写一部篇幅更长、内容更详细的传记,还特地将他们所搜集的资料及相关地方文献赠我,并邀我到什邡考察,为地方文史工作者专题演讲唐代佛学与马祖道一,参观道一出生地及修行的罗汉寺。在我离开几年后,汶川大地震,德阳、什邡都是重灾区,包括罗汉寺在内的文物古迹毁坏严重,面目全非。我有幸在大劫难之前瞻仰,也算是一种大机缘。

我一直视此书为普及类作品而非专门成果,故初版之后也不甚珍惜,加之学术兴趣已转移,当时搜集的相关资料没有保留,有关马祖与江西洪州禅研究的后续进展也没有再追踪,就连搜集到的一些珍贵的图片资料,如靖安寺住持和尚为我寄的照片及亲笔信,也没有刻意保留。本次再版所插配的照片是我的几位学生帮助重新搜集的。

感谢三联书店将我的几种非专门性的著述集中推出,本书17年前在台湾以繁体字初刊,内地读者知之甚少,纳入本系列,虽有滥竽之嫌,但反观当下,污染弥漫,人心浮躁,本书文字虽浅陋,但古尊宿们杀活自在的机锋,体察自然的智慧,对于纾解焦虑与困顿,或许还能有些启发。至于究竟能否破迷妄、离执着,让平常心活泼澄明,那就要看各自修为上的觉悟了。

2013 年 11 月 20 日
于台中逢甲大学